Diogenes Ta

Paulo Coelho

Am Ufer des Rio Piedra saß ich und weinte

Roman
Aus dem Brasilianischen
von Maralde Meyer-
Minnemann

Diogenes

Titel der 1994 bei
Editora Rocco Ltda., Rio de Janeiro,
erschienenen Originalausgabe:
›Na margem do rio Piedra eu sentei e chorei‹
Copyright © 1994 by Paulo Coelho
Mit freundlicher Genehmigung von
Sant Jordi Asociados, Barcelona, Spanien
Alle Rechte vorbehalten
Paulo Coelho: www.paulocoelho.com.br
Die deutsche Erstausgabe
erschien 1997 im Diogenes Verlag
Umschlagfoto von Florence Bacchetta
aus dem Band ›En marche vers Compostelle‹,
Editions du Tricorne, Genf 1986

Veröffentlicht als Diogenes Taschenbuch, 2000
Alle deutschen Rechte vorbehalten
Copyright © 1997
Diogenes Verlag AG Zürich
www.diogenes.ch
200/01/43/6
ISBN 3 257 23146 6

»Und doch ist die Weisheit gerechtfertigt worden von allen ihren Kindern.«

Lukas, 7:35

Für I.C. *und* S.B., *deren Liebe mich*
das weibliche Antlitz Gottes sehen ließ;
Monica Antunes, *Gefährtin der ersten Stunde,*
die mit ihrer Zuneigung und Begeisterungsfähigkeit
das Feuer über die ganze Welt verbreitet;
Paulo Rocco *für die Fröhlichkeit, mit der*
wir gemeinsam kämpften, und für die Würde
der Kämpfe, die wir gemeinsam ausfochten;
Matthew Lore, *weil er nicht eine*
einzige Zeile des ›I Ging‹ vergessen hat:
»Beharrlichkeit ist günstig.«

*A*m Ufer des Rio Piedra...

...saß ich und weinte. Alles, was in die Wasser dieses Flusses fällt – die Blätter, die Insekten, die Federn der Vögel –, verwandelt sich in seinem Bett zu Steinen, heißt es in der Legende. Wenn ich mir doch das Herz aus der Brust reißen und es in seinen Lauf werfen könnte, dann hätten der Schmerz und die Sehnsucht ein Ende, und es gäbe keine Erinnerungen mehr.

Am Ufer des Rio Piedra saß ich und weinte. Die Winterkälte ließ mich die Tränen auf meinem Gesicht spüren, die sich mit dem an mir vorbeiströmenden eisigen Wasser vermischten. Irgendwo mündet dieser Fluß in einen anderen, dann einen weiteren, bis fern von meinen Blicken und meinem Herzen all diese Wasser im Meer aufgehen.

Wenn doch meine Tränen so weit fließen könnten, daß der, den ich liebe, nie erfährt, daß ich um ihn geweint habe. Wenn doch meine Tränen so weit fließen könnten, weil ich erst dann den Rio Piedra vergessen würde, das Kloster, die Kirche in den

Pyrenäen, den Nebel, die Wege, die wir gemeinsam gingen.

Dann würde ich die Straßen, die Berge und die Felder meiner Träume vergessen – meiner Träume, die mir damals nicht bewußt waren.

Ich erinnere mich an meinen magischen Augenblick, diesen Moment, in dem ein Ja oder ein Nein unser ganzes Leben verändern können. Mir kommt es so vor, als läge er schon lange zurück, und doch ist erst eine Woche vergangen, seit ich dem, den ich liebe, wiederbegegnet bin und ihn dann verloren habe.

An den Ufern des Rio Piedra habe ich diese Geschichte aufgeschrieben. Meine Hände waren steif vor Kälte, meine Beine vom Sitzen wie abgestorben, und ich mußte immer wieder innehalten.

»Versuche zu leben. Zurückblicken ist etwas für die Alten«, sagte er.

Vielleicht läßt uns die Liebe vorzeitig altern oder hält uns jung, wenn die Jugend bereits vorüber ist. Doch wie sollte ich mich an all diese Augenblicke nicht erinnern? Ich will die Traurigkeit in Sehnsucht, die Einsamkeit in Erinnerung verwandeln, nur darum schreibe ich, damit ich, wenn alles erzählt wäre, die Geschichte in den Rio Piedra werfen könnte, so, wie mir die Frau riet, die mich bei sich aufgenommen hat. Dann könnte das Wasser – wie eine Heilige einmal gesagt hat – das löschen, was das Feuer geschrieben hat.

Alle Liebesgeschichten sind gleich.

Wir hatten unsere Kindheit und Jugend miteinander verlebt. Er ging fort, verließ das Städtchen wie alle jungen Burschen. Er sagte, er wolle die Welt kennenlernen, seine Träume reichten über die Felder von Soria hinaus.

Mehrere Jahre hörte ich nichts von ihm. Dann erhielt ich hin und wieder einen Brief, doch das war alles – denn in die Wälder und die Straßen unserer Kindheit kehrte er nie wieder zurück.

Nach dem Abschluß der Schule ging ich nach Saragossa – und entdeckte, daß er recht hatte. Soria war eine Kleinstadt, und ihr einziger berühmter Dichter hatte gesagt, ein Weg sei dazu da, ihn zu beschreiten. Ich fing an zu studieren, hatte einen festen Freund. Ich bereitete mich auf die Prüfung zur Aufnahme in den öffentlichen Dienst vor, legte sie jedoch nie ab. Ich arbeitete als Verkäuferin, bezahlte von dem Gehalt mein Studium, fiel durch die

Abschlußprüfung, trennte mich von meinem festen Freund.

Ich bekam dann häufiger Briefe von meinem Jugendfreund – und die Briefmarken aus anderen Ländern machten mich neidisch. Er war der Ältere, der alles wußte, der durch die Welt reiste, seine Flügel wachsen ließ – während ich versuchte, Wurzeln zu schlagen.

In einem Brief sprach er dann plötzlich von Gott, und die Briefe, die folgten, kamen immer aus demselben Ort in Frankreich. In einem sprach er davon, daß er ins Priesterseminar eintreten und sein Leben dem Gebet weihen wollte. Ich schrieb ihm zurück, bat ihn, noch ein wenig zu warten, noch ein wenig seine Freiheit zu genießen, bevor er sich endgültig entschied.

Als ich meinen Brief noch einmal durchlas, zerriß ich ihn: Wer war ich denn schon, um ihm etwas über Freiheit und Verpflichtung zu sagen. Er wußte um diese Dinge, nicht ich.

Eines Tages erfuhr ich, daß er Vorträge hielt. Es überraschte mich, denn er war noch zu jung, um irgend etwas zu lehren. Vor zwei Wochen aber schickte er mir dann eine Karte und teilte mir mit, daß er vor einer kleinen Gruppe in Madrid reden würde und großen Wert darauf lege, daß ich auch zugegen sei.

Ich reiste die vier Stunden von Saragossa nach Madrid, weil ich ihn wiedersehen wollte. Ich wollte ihm zuhören. Wollte mich mit ihm in eine Bar setzen, mich an die Zeiten erinnern, in denen wir zusammen spielten und glaubten, die Welt sei zu groß, als daß man sie je ganz kennenlernen konnte.

Samstag, 4. Dezember 1993

Der Vortrag fand in einem förmlicheren Rahmen und vor mehr Leuten statt, als ich erwartet hatte. Ich konnte es mir nicht erklären.

›Wer weiß, vielleicht ist er berühmt geworden‹, dachte ich. In seinen Briefen hatte er mir nichts davon erzählt. Ich hätte gern mit den anderen Zuhörern gesprochen, sie gefragt, warum sie gekommen waren, doch ich traute mich nicht.

Als ich ihn hereinkommen sah, war ich überrascht. Er wirkte anders als der Junge, den ich gekannt hatte – was nicht verwunderlich war, in elf Jahren verändert man sich eben. Er war schöner, und seine Augen leuchteten.

»Er gibt uns zurück, was unser war«, sagte eine Frau neben mir.

Ein merkwürdiger Satz.

»Was gibt er zurück?« fragte ich.

»Was uns geraubt wurde. Die Religion.«

»Nein, er gibt sie uns nicht zurück«, sagte eine jüngere Frau, die rechts neben mir saß. »Man kann uns nicht zurückgeben, was uns sowieso gehört.«

»Und was machen Sie dann hier?« fragte die erste Frau ungehalten.

»Ich will ihn hören. Will erfahren, was die Leute hier denken, denn einmal haben sie uns schon verbrannt, und sie könnten es wieder tun.«

»Er ist ein einsamer Rufer«, sagte die Frau, »er tut, was er kann.«

Die junge Frau lächelte ironisch, wandte sich nach vorn und beendete so das Gespräch.

»Für einen Seminaristen ist das sehr mutig«, fuhr die Frau fort und sah mich Zustimmung heischend an.

Ich begriff überhaupt nichts, schwieg, und die Frau ließ es dabei bewenden. Die junge Frau neben mir zwinkerte mir komplizenhaft zu.

Doch ich schwieg aus einem anderen Grund. Mir ging durch den Kopf, was die Dame gesagt hatte. Sie hatte ihn Seminarist genannt.

Das konnte nicht sein. Er hätte es mir gesagt.

Er begann zu sprechen, doch ich konnte mich nicht konzentrieren. ›Ich hätte mich besser anziehen sollen‹, dachte ich und verstand selbst nicht, warum ich mir darüber so viele Gedanken machte. Er hatte mich im Publikum bemerkt, und ich überlegte, was er dachte: Wie er mich wohl fand? Hatte ich mich sehr verändert?

Seine Stimme war dieselbe. Seine Worte hingegen waren es nicht.

Man muß Risiken eingehen, sagte er. *Wir können das Wunder des Lebens nur richtig verstehen, wenn wir zulassen, daß das Unerwartete geschieht.*

Jeden Tag läßt Gott die Sonne aufgehen und schenkt uns jeden Tag einen Augenblick, in dem es möglich ist, alles das zu ändern, was uns unglücklich macht. Tag für Tag übergehen wir diesen Augenblick geflissentlich, als wäre das Heute wie gestern und das Morgen auch nicht anders. Aber derjenige, der seinen Tag bewußt lebt, nimmt den magischen Augenblick wahr. Er kann in dem Moment verborgen sein, in dem wir morgens den Schlüssel ins Schlüsselloch stecken, im Augenblick des Schweigens nach dem Abendessen, in den Tausenden von Dingen, die uns alle gleich anmuten. Diesen Augenblick gibt es – den Augenblick, in dem alle Kraft der Sterne uns durchdringt und uns Wunder vollbringen läßt.

Manchmal ist das Glück ein Geschenk – doch zumeist will es erobert werden. Der magische Augenblick eines Tages hilft uns, etwas zu verändern, läßt uns aufbrechen, um unsere Träume zu verwirklichen.

Wir werden leiden, werden schwierige Momente durchmachen, werden viele Enttäuschungen erleben – doch all dies geht vorüber und hinterläßt keine Spuren. Und später können wir stolz und vertrauensvoll zurückblicken.

Weh dem, der sich davor fürchtet, ein Risiko einzugehen. Vielleicht wird er nie ernüchtert oder enttäuscht und auch nicht leiden wie jene, die träumen und diesen Träumen folgen. Doch wenn er dann zurückblickt – und wir blicken immer zurück –, wird er hören, wie sein Herz ihm sagt: ›Was hast du aus den Wundern gemacht, die Gott über deine Tage verteilt hat? Was hast du mit den Talenten gemacht, die dir dein Meister anvertraut hat? Du hast sie in einer Grube vergraben, weil du Angst hattest, sie zu verlieren. Und so ist dies nun dein Erbe: die Gewißheit, daß du dein Leben vergeudet hast.‹

Weh dem, der diese Worte hört. Denn nun wird er an Wunder glauben, doch die magischen Augenblicke seines Lebens werden bereits verstrichen sein.

Kaum hatte er geendet, da umringten ihn die Leute. Ich wartete, fragte mich, wie er mich nach so vielen Jahren wohl finden würde. Ich fühlte mich wie ein Kind – unsicher, eifersüchtig, weil ich seine neuen Freunde nicht kannte, unbehaglich, weil er sich mehr um die anderen kümmerte als um mich.

Dann kam er auf mich zu. Er errötete und war nicht mehr der Mann, der wichtige Dinge sagte; er war wieder der kleine Junge, der sich mit mir in der Einsiedelei des heiligen Saturius versteckte, mir von seinem Traum erzählte, die Welt zu bereisen – während unsere Eltern die Polizei alarmierten, weil sie glaubten, wir seien im Fluß ertrunken.

»Hallo Pilar«, sagte er.

Ich küßte ihn auf die Wange. Ich hätte ihm gratulieren können. Ich hätte es nicht aushalten können, unter so vielen Leuten zu sein. Ich hätte irgendeinen launigen Kommentar über unsere Kindheit machen können und darüber, wie stolz ich war, ihn von den anderen bewundert zu sehen.

Ich hätte mich mit dem Hinweis, daß ich schnell weg mußte, um den letzten Nachtbus nach Saragossa zu erwischen, aus dem Staube machen können.

Ich hätte es tun können. Wir werden die Tragweite dieses Satzes nie ganz ermessen. Denn in jedem Augenblick unseres Lebens gibt es Dinge, die hätten geschehen können und dann doch nicht geschehen sind. Es gibt magische Augenblicke, die unbeachtet verstreichen, aber auch andere, in denen die Hand des Schicksals unvermittelt unser gesamtes Leben verändert.

Ebendies geschah in diesem Augenblick. Anstatt all der Dinge, die ich hätte tun können, stellte ich eine Frage, die mich eine Woche später an diesen Fluß brachte und dazu, diese Zeilen zu schreiben.

»Wollen wir einen Kaffee trinken?« fragte ich.

Und er ergriff, indem er sich mir zuwandte, die Hand, die ihm das Schicksal reichte: »Ich muß unbedingt mit dir reden. Morgen halte ich einen Vortrag in Bilbao. Ich bin mit dem Auto gekommen.«

»Ich muß nach Saragossa zurück«, antwortete ich, ohne zu wissen, daß dies der letzte Fluchtweg war.

Doch im Bruchteil einer Sekunde, vielleicht weil ich wieder zum Kind geworden war, vielleicht weil nicht wir es sind, die die besten Augenblicke in unserem Leben schreiben, sagte ich: »In ein paar Tagen ist der Tag der Unbefleckten Empfängnis Mariä. Da habe ich frei. Ich kann dich nach Bilbao begleiten und von dort aus zurückfahren.«

Eine Bemerkung zum ›Seminaristen‹ lag mir auf der Zunge.

»Wolltest du mich noch etwas fragen?« meinte er, weil er mir das ansah.

»Ja, schon«, versuchte ich abzulenken. »Vor dem Vortrag sagte eine Frau, daß du ihr zurückgibst, was ihr gehört.«

»Das ist unwichtig.«

»Für mich ist es wichtig. Ich weiß nichts über dein Leben, ich war überrascht, so viele Leute hier zu sehen.«

Er lachte und wandte sich den anderen zu.

»Moment mal«, sagte ich und hielt ihn am Arm fest. »Du hast meine Frage nicht beantwortet.«

»Das interessiert dich doch nicht weiter, Pilar.«

»So oder so, ich möchte es wissen.«

Er atmete tief durch und führte mich in eine Ecke des Saales.

»Die drei großen monotheistischen Religionen – der jüdische Glaube, das Christentum und der Islam – sind männlich. Die Priester sind Männer. Männer regieren die Dogmen und machen die Gesetze.«

»Und was wollte die Frau sagen?«

Er zögerte etwas. Antwortete aber schließlich doch:

»Daß ich die Dinge anders sehe. Daß ich glaube, daß er auch ein weibliches Gesicht hat.«

Ich atmete erleichtert auf; die Frau hatte sich geirrt. Er konnte kein Seminarist sein, denn Seminaristen sehen die Dinge nicht anders.

»Die Erklärung reicht mir«, antwortete ich.

Die junge Frau, die mir zugezwinkert hatte, wartete an der Tür auf mich.

»Ich weiß, daß dich und mich etwas verbindet«, sagte sie. »Ich heiße Brida.«

»Ich weiß nicht, wovon du redest«, antwortete ich.

»Aber natürlich weißt du es«, sagte sie lachend.

Sie packte mich am Arm und zog mich mit sich hinaus, noch bevor ich Zeit hatte, etwas klarzustellen. Die Nacht war sehr kalt, und ich wußte nicht recht, was ich bis zum nächsten Morgen machen sollte.

»Wohin gehen wir?«

»Zur Statue der Göttin«, war ihre Antwort.

»Ich brauche ein preiswertes Hotel, um dort die Nacht zu verbringen.«

»Nachher sage ich dir eins.«

Ich hätte mich lieber in ein Café gesetzt, noch etwas geredet, um soviel wie nur möglich über ihn zu erfahren. Doch ich wollte mich nicht mit ihr streiten. Ich ließ mich von ihr über den Paseo de la Castellana führen und schaute mir dabei nach so vielen Jahren einmal wieder Madrid an.

Mitten auf dem Boulevard blieb sie stehen und deutete zum Himmel hinauf.

»Da ist der Mond – oder besser die Mondin«, sagte sie.

Der Vollmond schien durch die kahlen Zweige hindurch.

»Er ist schön«, meinte ich.

Doch sie hörte mir nicht zu. Sie breitete, die Handflächen nach oben gewandt, die Arme aus und blieb in die Betrachtung des Mondes versunken stehen.

›Wo bin ich bloß hineingeraten‹, dachte ich. ›Ich kam her, um mir einen Vortrag anzuhören, und jetzt stehe ich mit dieser Verrückten auf dem Paseo de la Castellana, und morgen reise ich nach Bilbao.‹

»Du Spiegel der Göttin Erde«, sagte das junge Mädchen mit geschlossenen Augen. »Lehr uns unsere Macht, mach, daß die Menschen uns verstehen. In deinem Wachsen, deinem Strahlen, deinem Ersterben und Wiederauferstehen hast du uns den Zyklus des Samens und der Frucht gezeigt.«

Die junge Frau reckte die Arme zum Himmel und blieb lange so stehen. Die Passanten schauten sie an und lachten, doch sie bemerkte es nicht, während ich im Boden hätte versinken mögen, weil ich neben ihr stand.

»Ich mußte das einfach tun«, sagte sie, nachdem sie Luna lange gehuldigt hatte. »Die Göttin möge uns beschützen.«

»Wovon redest du eigentlich?«

»Von genau dem, was dein Freund gesagt hat, nur mit wahren Worten.«

Ich bereute nun, den Vortrag nicht aufmerksamer verfolgt zu haben. Ich wußte einfach nicht mehr, was er gesagt hatte.

»Wir kennen das weibliche Antlitz Gottes«, sagte sie, als wir weitergingen. »Wir, die Frauen, die wir die Große Mutter verstehen und lieben. Wir haben unser Wissen mit Verfolgung und Scheiterhaufen bezahlt, doch wir haben überlebt. Und nun begreifen wir ihr Geheimnis.«

Scheiterhaufen. Hexen.

Ich sah mir die junge Frau neben mir genauer an. Sie war hübsch, ihr rotblondes Haar fiel ihr fast bis auf die Taille.

»Während die Männer auf die Jagd gingen, blieben wir in den Höhlen zurück, im Leib der Mutter, und kümmerten uns um unsere Kinder«, fuhr sie fort. »Und es war die Große Mutter, die uns alles lehrte.

Das Leben des Mannes war Bewegung, wir aber blieben im Leib der Mutter. So lernten wir, daß die Samen zu Pflanzen wurden, und sagten es unseren Männern. Wir backten das erste Brot und ernährten sie. Wir formten das erste Gefäß, damit sie daraus trinken konnten. Und wir begriffen den Zyklus der Schöpfung, denn unser Körper wiederholte den Rhythmus des Mondes.«

Unvermittelt blieb sie stehen.

»Da ist sie.«

Ich schaute. Mitten auf einem allseits vom Verkehr umbrandeten Platz stand ein Brunnen. Inmitten des Brunnens eine Skulptur, die eine Frau mit einem Löwengespann darstellte.

»Das ist der Kybele-Platz«, sagte ich, um zu zeigen, daß ich Madrid kannte. Ich hatte diese Skulptur schon zigmal auf Postkarten gesehen.

Doch sie hörte mir nicht zu. Sie war bereits mitten auf der Fahrbahn, versuchte hakenschlagend durch den Verkehr zu kommen.

Ich beschloß, sie einzuholen, nur um sie nach einem Hotel zu fragen. Soviel Verrücktheit machte mich fertig, und ich sehnte mich nach einem Bett.

Wir gelangten fast gleichzeitig zum Brunnen. Mir schlug das Herz bis zum Hals, sie hatte ein Lächeln auf den Lippen.

»Das Wasser«, sagte sie. »Im Wasser offenbart sie sich.«

»Bitte, ich brauche den Namen eines Hotels.«

Sie tauchte ihre Hände in den Brunnen.

»Mach du es auch«, sagte sie zu mir. »Berühr das Wasser.«

»Auf gar keinen Fall. Aber ich will nicht weiter stören. Ich werde mir selbst ein Hotel suchen.«

»Nur einen Augenblick noch.«

Die junge Frau zog eine kleine Flöte aus der Tasche und begann zu spielen. Die Musik wirkte hypnotisierend: das Geräusch des Verkehrs trat in den Hintergrund, und mein Herz beruhigte sich.

Ich setzte mich auf den Brunnenrand, lauschte, den Blick zum Vollmond über uns gewandt, dem Rauschen des Wassers und dem Klang der Flöte. Irgend etwas sagte mir, obwohl ich es nicht recht verstand, daß ich dort meiner Natur als Frau nahe war.

Ich weiß nicht, wie lange sie spielte. Als sie aufgehört hatte, wandte sie sich zum Brunnen.

»Kybele«, sagte sie. »Eine der Verkörperungen der Großen Mutter. Sie herrscht über die Ernte, erhält die Städte, gibt der Frau ihre Rolle als Priesterin zurück.«

»Wer bist du?« fragte ich. »Warum wolltest du, daß ich dich begleite?«

Sie wandte sich mir zu: »Ich bin das, wofür du mich hältst. Ich gehöre zu denen, die die Mutter Erde als höchste Gottheit betrachten.«

»Was willst du von mir?« beharrte ich.

»Ich kann in deinen Augen lesen. Ich kann in deinem Herzen lesen. Du wirst dich verlieben. Und leiden.«

»Ich?«

»Du weißt, was ich meine. Ich habe gesehen, wie er dich angeblickt hat. Er liebt dich.«

Diese junge Frau war verrückt.

»Deshalb habe ich dich gebeten, mit mir zu kommen«, fuhr sie fort. »Denn er ist wichtig. Auch wenn er Unsinn redet, zumindest erkennt er die Große Mutter an. Laß nicht zu, daß er sich verliert. Hilf ihm.«

»Du weißt nicht, was du da sagst. Du phantasierst«, sagte ich, während ich mich wieder zwischen die Autos stürzte und mir schwor, die Worte des Mädchens zu vergessen.

Sonntag, 5. Dezember 1993

Wir hielten an, um einen Kaffee zu trinken.

»Das Leben hat dich viele Dinge gelehrt«, sagte ich, nur um etwas zu sagen.

»Es hat mich gelehrt, daß wir lernen können, es hat mich gelehrt, daß wir uns verändern können«, antwortete er, »auch wenn es unmöglich erscheinen mag.«

Dann schwieg er. Wir hatten während der zwei Stunden Fahrt kaum miteinander gesprochen, bis wir bei diesem Café an der Straße angelangt waren.

Anfangs hatte ich versucht, unsere gemeinsame Kindheit wieder auferstehen zu lassen, doch er zeigte nur höfliches Interesse. Er hörte mir überhaupt nicht zu, stellte Fragen zu Dingen, die ich längst gesagt hatte.

Irgend etwas stimmte nicht. Vielleicht hatten Zeit und Entfernung ihn für immer meiner Welt entfremdet. ›Er redet über magische Augenblicke‹, dachte ich. ›Was können ihn da schon die Lebenswege von Carmen, von Santiago oder Maria interessieren?‹ Seine Welt war eine andere, Soria war nur noch eine ferne Erinnerung – dort war die Zeit stehengeblieben, die Freunde der Kindheit waren immer noch Kinder, die Alten lebten noch und machten genau das, was sie vor neunundzwanzig Jahren gemacht hatten.

Ich bereute allmählich, mitgefahren zu sein. Als er im Café wieder das Thema wechselte, beschloß ich, nicht weiter nachzuhaken.

Die letzten zwei Stunden bis Bilbao waren eine einzige Tortur. Er schaute auf die Straße, ich blickte aus dem Fenster, und keiner von uns beiden verhehlte das Unbehagen, das sich zwischen uns breitgemacht hatte. Der Mietwagen hatte kein Radio, da blieb einem nichts anderes übrig, als das Schweigen zu ertragen.

»Laß uns fragen, wo der Busbahnhof ist«, sagte ich, gleich nachdem wir die Autobahn verlassen hatten, »es gibt eine Buslinie nach Saragossa.«

Es war Siestazeit, und daher waren nur wenige

Menschen auf den Straßen. Wir kamen an einem Mann vorbei, an zwei jungen Leuten, doch er hielt nicht, um nach dem Weg zu fragen.

»Weißt du denn, wo er ist?« fragte ich nach geraumer Weile.

»Wo was ist?«

Er hatte mir wieder nicht zugehört.

Plötzlich verstand ich sein Schweigen. Worüber sollte er sich schon mit einer Frau unterhalten, die niemals in die Welt hinausgegangen war? Was sollte es ihm schon bringen, neben einer zu sitzen, die Angst vor dem Unbekannten hatte, die lieber eine feste Arbeit hatte und von einer konventionellen Ehe träumte? Ich Unglückswurm redete immer von denselben Freunden aus der Kindheit, den verstaubten Erinnerungen aus einer unbedeutenden Kleinstadt. Das war mein einziges Thema.

»Du kannst mich gleich hier absetzen«, sagte ich, als wir im Stadtzentrum angekommen zu sein schienen. Ich versuchte, natürlich zu wirken, doch ich fühlte mich dumm, kindisch und langweilig.

Er hielt nicht an.

Ich ließ nicht locker:

»Ich muß den Bus zurück nach Saragossa nehmen.«

»Ich war noch nie hier. Ich weiß nicht, wo mein

Hotel ist. Ich weiß nicht, wo der Vortrag stattfindet. Ich weiß nicht, wo der Busbahnhof liegt.«

»Keine Angst, ich finde ihn schon.«

Er fuhr etwas langsamer, doch er hielt nicht an.

»Ich würde gern...«, sagte er.

Zweimal begann er den Satz, schaffte es aber nicht, ihn zu beenden. Ich stellte mir vor, was er gerne tun würde: sich für meine Gesellschaft bedanken, mir Grüße für die Freunde auftragen und so dieses unbehagliche Gefühl loswerden.

»Ich würde mich freuen, wenn du heute abend mit mir zum Vortrag gingst«, sagte er schließlich.

Ich erschrak. Vielleicht wollte er Zeit gewinnen, um das quälende Schweigen während der Reise wiedergutzumachen.

»Ich würde mich sehr freuen, wenn du mit mir kämst«, wiederholte er.

Ich war zwar ein Mädchen aus der Provinz, das keine großen Abenteuer erlebt hatte, über die es berichten konnte, hatte nicht den Glanz und die Ausstrahlung der Frauen aus der Großstadt. Doch das Leben in der Provinz lehrt uns, wenn es auch eine Frau nicht eleganter oder weltgewandter macht, auf unser Herz zu hören – und unserem Instinkt zu folgen. Zu meiner großen Überraschung sagte mir mein Instinkt, daß er es ernst meinte.

Ich atmete erleichtert auf. Ich würde natürlich nicht zu dem Vortrag gehen, aber zumindest war mein lieber Freund wieder zurück, wollte mich an seinen Abenteuern, seinen Ängsten und Siegen teilhaben lassen.

»Vielen Dank für die Einladung«, antwortete ich. »Aber ich habe kein Geld für ein Hotel, ich muß wieder zurück zu meinen Büchern.«

»Ich habe etwas Geld. Du kannst in meinem Zimmer schlafen. Wir nehmen ein Zimmer mit zwei getrennten Betten.«

Ich bemerkte, daß er zu schwitzen begann, obwohl es kalt war. Mein Herz sandte Alarmsignale aus, die ich nicht entschlüsseln konnte. An die Stelle der Freude, die ich eben noch verspürt hatte, trat unendliche Verwirrung.

Er hielt plötzlich den Wagen an, sah mir direkt in die Augen.

Niemand kann lügen, niemand kann etwas verbergen, wenn man ihm direkt in die Augen sieht.

Und jede Frau, die auch nur ein bißchen Einfühlungsvermögen besitzt, kann in den Augen eines verliebten Mannes lesen. Gleichgültig, wie absurd es anmuten mag, gleichgültig, ob diese Liebe sich unerwartet am falschen Ort und zur falschen Zeit

zeigt. Ich dachte sofort an die Worte der rothaari-
gen jungen Frau am Brunnen.

Es war unmöglich. Doch es stimmte.

Ich hätte niemals, auf gar keinen Fall, gedacht, daß
er sich nach so langer Zeit noch daran erinnerte.
Damals waren wir Kinder, hatten unsere Zeit zusammen verbracht und hatten Hand in Hand die
Welt entdeckt. Ich hatte ihn geliebt – wenn ein Kind
überhaupt weiß, was Liebe bedeutet. Doch dies
alles war vor langer, langer Zeit, in einem anderen
Leben gewesen, in dem die Unschuld das Herz für
das Beste offenhält, was das Leben zu bieten hat.

Jetzt waren wir erwachsen und vernünftig. Und
die Kindheit war eben die Kindheit.

Ich sah ihm wieder in die Augen. Ich wollte es
nicht glauben, oder konnte es nicht.

»Ich muß noch diesen Vortrag halten, und dann
kommen die Empfängnis-Mariä-Feiertage. Ich muß
in die Berge«, fuhr er fort. »Ich muß dir etwas
zeigen.«

Dieser brillante Mann, der von magischen Augenblicken sprach, saß neben mir und verhielt sich
völlig unvernünftig. Er war unsicher, verheddert
sich, machte wirre Vorschläge. Ich konnte es kaum
mit ansehen.

Ich öffnete die Wagentür, stieg aus, lehnte mich an den Wagen. Sah eine Zeitlang den beinahe menschenleeren Boulevard hinunter. Zündete mir eine Zigarette an und versuchte, an nichts zu denken. Ich konnte so tun, als hätte ich nichts gemerkt, so tun, als hätte ich es nicht verstanden – ich konnte mir selbst einreden, daß es tatsächlich nur der Vorschlag eines Freundes an eine Jugendfreundin gewesen war. Vielleicht war er zu lange unterwegs gewesen und brachte daher alles durcheinander.

Aber vielleicht übertrieb ich ja.

Er sprang aus dem Wagen und stellte sich neben mich.

»Ich würde mich freuen, wenn du zum Vortrag heute abend hierbleiben würdest«, sagte er noch einmal. »Aber wenn du nicht kannst, verstehe ich das.«

Gut so. Die Welt hatte sich einmal um die eigene Achse gedreht und war an ihren Platz zurückgekehrt. Es war nichts von dem, was ich gedacht hatte. Er beharrte nicht weiter, war schon bereit, mich gehen zu lassen. Verliebte Männer verhalten sich nicht so.

Ich fühlte mich gleichzeitig verrückt und erleichtert. Ja, ich könne bleiben, zumindest noch einen

Tag. Wir würden zusammen zu Abend essen und uns ein bißchen betrinken – früher in Soria hatten wir das nie gemacht. Es war eine gute Gelegenheit, um den Unsinn zu vergessen, den ich wenige Minuten zuvor gedacht hatte, und auch, um das Eis zu brechen, das uns seit Madrid getrennt hatte.

Auf einen Tag mehr oder weniger kam es jetzt auch nicht mehr an. Außerdem hätte ich dann vielleicht auch meinen Freundinnen etwas zu erzählen.

»Getrennte Betten also«, flachste ich. »Und du bezahlst das Abendessen, denn ich bin immer noch Studentin. Ich habe kein Geld.«

Wir brachten die Koffer aufs Zimmer und gingen dann vom Hotel bis zu dem Ort, an dem der Vortrag stattfinden sollte. Wir waren zu früh da und setzten uns in ein Café.

»Ich möchte dir etwas geben«, sagte er und reichte mir einen kleinen roten Beutel.

Ich machte ihn sofort auf. Darin war eine alte, verrostete Medaille, mit der Heiligen Jungfrau der Gnade auf der einen und dem Heiligen Herz Jesu auf der anderen Seite.

»Die hat dir gehört«, sagte er, als er mein überraschtes Gesicht sah.

Mein Herz schlug wieder Alarm.

»Eines Tages, es war Herbst, genau wie jetzt, und wir waren etwa zehn Jahre alt, da habe ich mich mit dir auf den Platz mit der großen Eiche gesetzt. Ich wollte gerade etwas sagen, was ich wochenlang eingeübt hatte, da fielst du mir ins Wort und meintest, du hättest deine Medaille bei der Einsiedelei des heiligen Saturius verloren, und dann hast du mich gebeten, sie für dich zu suchen.«

Ich erinnerte mich. Und ob ich mich daran erinnerte!

»Ich habe sie schließlich gefunden. Doch als ich zum Platz zurückkam, traute ich mich nicht mehr, dir das zu sagen, was ich eingeübt hatte«, fuhr er fort. »Und da habe ich mir geschworen, daß ich dir die Medaille erst dann wiedergeben würde, wenn ich den Satz zu Ende bringen könnte, den ich an jenem Tag vor beinah zwanzig Jahren angefangen hatte. Lange habe ich versucht, ihn zu vergessen, doch der Satz war immer gegenwärtig. Ich kann nicht weiter mit ihm leben.«

Er hatte seine Tasse abgesetzt, eine Zigarette angezündet und starrte zur Decke. Dann wandte er sich mir zu.

»Der Satz ist ganz einfach«, sagte er. »Ich liebe dich.«

Manchmal erfüllt uns eine Traurigkeit, gegen die wir nichts tun können, sagte er. *Uns wird bewußt, daß der magische Augenblick eines bestimmten Tages vorbei ist und wir ihn nicht ergriffen haben. Dann verbirgt das Leben seine Magie und seine schöpferische Kraft.*

Wir müssen auf das Kind hören, das wir einmal waren und das es immer noch in uns gibt. Dieses Kind erkennt die magischen Augenblicke. Wir können zwar sein Weinen ersticken, doch seine Stimme können wir nicht zum Schweigen bringen.

Dieses Kind, das wir einst waren, ist immer da. Selig sind die Kinder, denn das Himmelreich ist ihr.

Wenn wir nicht aufs neue geboren werden, wenn wir das Leben nicht wieder mit der Unschuld und der Begeisterung der Kindheit betrachten können, hat das Leben keinen Sinn mehr.

Es gibt viele Arten, sich selbst zu töten. Diejenigen, die versuchen, ihren Körper zu töten, übertreten Gottes Gesetz. Diejenigen, die versuchen, ihre Seele zu töten, übertreten auch Gottes Gesetz, obwohl dieses Verbrechen für das menschliche Auge weniger sichtbar ist.

Wir sollten auf das hören, was das Kind sagt, das wir in unserer Brust tragen. Wir sollten uns seiner nicht schämen. Wir sollten nicht zulassen, daß es sich fürchtet, weil es allein ist und wir ihm fast nie zuhören.

Wir sollten ihm die Zügel unseres Daseins überlassen. Wir sollten ihm Vergnügen bereiten – auch wenn dies bedeutet, daß wir anders handeln, als wir es gewohnt sind, auch wenn es in den Augen der anderen dumm erscheinen mag.

Vergeßt nicht, daß die Weisheit des Menschen vor Gott Torheit ist. Wenn wir auf das Kind hören, das wir in der Seele tragen, werden unsere Augen wieder leuchten. Wenn wir den Kontakt zu diesem Kind nicht verlieren, verlieren wir auch nicht den Kontakt zum Leben.

Die Farben um mich herum wurden intensiver; ich merkte, daß ich lauter sprach und das Glas heftiger wieder auf den Tisch stellte.

Ein gutes Dutzend war direkt nach dem Vortrag mit zum Abendessen gegangen. Alle redeten durcheinander, und ich lächelte – lächelte, weil diese Nacht anders war als die anderen. Es war die erste Nacht seit vielen Jahren, die ich nicht geplant hatte.

Es war wunderbar!

Als ich beschlossen hatte, nach Madrid zu fahren, hatte ich meine Gefühle und mein Handeln unter Kontrolle. Plötzlich war alles anders. Ich befand mich in einer Stadt, in der ich nie gewesen war, obwohl sie keine drei Stunden von meiner Geburtsstadt entfernt lag. Ich saß an einem Tisch mit Leuten zusammen, die ich nicht kannte – und alle redeten mit mir, als kennten sie mich schon lange. Ich war überrascht über mich selbst, weil ich reden, trinken und mich mit ihnen amüsieren konnte.

Ich war dort, weil mich das Leben unvermittelt dem Leben wiedergegeben hatte. Ich fühlte mich nicht schuldig, hatte weder Angst, noch schämte ich mich. Während ich bei ihm war und ihm zuhörte, wurde mir immer bewußter, daß er recht hatte: Es gibt Augenblicke, in denen man etwas wagen, verrückte Dinge tun muß.

›Da sitze ich Tag für Tag über meinen Büchern und Heften und mache übermenschliche Anstrengungen, um mir meine eigene Versklavung zu erkaufen‹, dachte ich. ›Warum will ich unbedingt diese Anstellung haben? Was wird sie mir als Mensch, als Frau geben?

Nichts. Ich war doch nicht dazu auf die Welt gekommen, den Rest meines Lebens hinter einem

Tisch zu sitzen und den Richtern dabei zu helfen, ihre Prozeßakten abzufertigen.

Ich darf nicht so über mein Leben denken. Ich muß schließlich noch in dieser Woche wieder zu ihm zurückkehren.‹

Es mußte am Wein liegen. Wer nicht arbeitet, hat nichts zu beißen.

›Es ist alles nur ein Traum. Irgendwann werde ich aufwachen.

Doch wie lange werde ich diesen Traum weiterträumen können?‹ Ich spielte zum ersten Mal mit dem Gedanken, ihn in die Berge zu begleiten. Schließlich lag ja eine Woche mit mehreren Feiertagen vor uns.

»Und wer bist du?« fragte mich eine schöne Frau, die mit an unserem Tisch saß.

»Eine Jugendfreundin«, antwortete ich.

»Machte er das schon als Kind?« fuhr sie fort.

»Was denn?«

Es war, als würden die Gespräche am Tisch plötzlich leiser werden, verstummen.

»Du weißt schon«, beharrte die Frau. »Die Wunder.«

»Er konnte immer schon gut reden«, antwortete ich, ohne begriffen zu haben, was sie meinte.

Alle lachten, auch er, und ich wußte nicht, warum. Doch der Wein hatte mich befreit, ich mußte nicht mehr alles im Griff haben.

Ich schwieg, blickte in die Runde, machte eine launige Bemerkung zu irgend etwas, vergaß aber gleich wieder, wozu. Und dachte wieder an die Feiertage.

Es tat so gut, dort zu sein, neue Leute kennenzulernen. Sie debattierten über ernste Dinge, machten aber gleichzeitig witzige Kommentare, ich hatte das Gefühl, an dem teilzuhaben, was in der Welt geschah. Zumindest war ich an diesem Abend nicht die Frau, für die sich das Leben nur im Fernsehen und in den Zeitungen abspielte.

Bei meiner Rückkehr nach Saragossa würde ich viel zu erzählen haben. Wenn ich noch die Einladung über die Feiertage annahm, würden die Erinnerungen für ein ganzes Jahr reichen.

›Er hatte ganz recht, wenn er meinen Geschichten aus Soria nicht zugehört hat‹, überlegte ich. Und ich tat mir selbst leid: Seit Jahren lagen immer nur dieselben Geschichten in der Schublade meiner Erinnerung.

»Trinken Sie noch ein bißchen«, sagte ein weißhaariger Mann und füllte mein Glas.

Ich trank. Dachte daran, wie wenig ich meinen Kindern und Enkeln würde erzählen können.

»Ich zähle auf dich«, sagte er so leise, daß nur ich es hören konnte. »Wir fahren nach Frankreich.«

Der Wein hatte mir meine Hemmungen genommen, so daß ich frei heraus sagen konnte, was ich dachte.

»Nur wenn eines ganz klar ist«, antwortete ich.

»Was denn?«

»Nun, was du vor dem Vortrag gesagt hast. Im Café.«

»Die Medaille?«

»Nein«, entgegnete ich, indem ich ihm in die Augen sah und versuchte, nüchtern zu wirken. »Was du gesagt hast.«

»Darüber reden wir später.«

Die Liebeserklärung. Wir hatten nicht die Zeit gehabt, darüber zu reden.

»Wenn du willst, daß ich mit dir reise, mußt du mir zuhören«, sagte ich.

»Hier möchte ich nicht darüber reden. Jetzt amüsieren wir uns gerade.«

Ich ließ nicht locker: »Du bist früh aus Soria weggegangen. Ich bin nur etwas, was dich mit deinem Heimatort verbindet. Ich habe dir dabei geholfen, deinen Wurzeln nahe zu sein, und das hat dir die Kraft gegeben, deinen Weg zu gehen. Und das war alles. Mit Liebe hat das nichts zu tun.«

Er hörte mir zu, ohne etwas zu sagen. Jemand fragte ihn nach seiner Meinung zu etwas, und so konnte ich das Gespräch nicht fortsetzen.

›Wenigstens habe ich ihm klar gesagt, was ich denke‹, sagte ich zu mir selbst. So eine Liebe konnte es nur im Märchen geben. Denn im wahren Leben muß die Liebe möglich sein. Auch wenn sie nicht sofort erwidert wird, kann sie nur überleben, wenn Hoffnung besteht, so gering sie auch sein mag, den geliebten Menschen zu erobern. Alles andere sind Hirngespinste.

Als hätte er meine Gedanken erraten, hob er sein Glas und trank mir von der anderen Seite des Tisches zu: »Auf die Liebe!«

Auch er war ein bißchen beschwipst. Ich beschloß, die Gelegenheit beim Schopfe zu packen.

»Auf die Weisen, die begreifen, daß bestimmte Arten von Liebe Kindereien sind«, sagte ich.

»Der Weise ist nur deshalb weise, weil er liebt. Und der ist ein Narr, der glaubt, er verstünde die Liebe«, antwortete er.

Die anderen am Tisch hatten diese Bemerkung gehört, und es begann sofort eine lebhafte Debatte über die Liebe. Alle hatten eine vorgefertigte Meinung, sie verteidigten ihre Ansicht mit Zähnen und Klauen, und es mußten mehrere Flaschen

Wein geleert werden, um die Gemüter zu beruhigen. Schließlich sagte jemand, daß es schon spät sei und der Wirt das Restaurant schließen wolle.

»Fünf Feiertage liegen vor uns«, rief jemand von einem anderen Tisch herüber. »Der Wirt will nur das Restaurant schließen, weil ihr über so ernste Dinge redet!«

Alle lachten – nur er nicht.

»Und wo sollen wir dann über ernste Dinge reden?« fragte er den Betrunkenen vom anderen Tisch.

»In der Kirche!« sagte der Betrunkene. Und diesmal lachte das ganze Restaurant.

Da stand er auf. Ich dachte, er wolle sich mit ihm prügeln, weil wir alle wieder zu Jugendlichen geworden waren, und in der Jugend hatten Schlägereien zur Nacht gehört wie auch Küsse, an verbotenen Orten ausgetauschte Zärtlichkeiten, laute Musik und halsbrecherische Fahrten.

Doch er nahm mich nur bei der Hand und ging zur Tür.

»Es ist besser, wir gehen«, sagte er. »Es ist schon spät.«

Regnet es in Bilbao, regnet es überall. Wer liebt, muß sich verlieren und sich wiederfinden können. Ihm gelingt es in diesem Augenblick, beides in sich zu vereinigen. Er ist fröhlich und singt, während wir zum Hotel zurückgehen.

> *Son locos que inventaron el amor.*
> Verrückt sind, die die Liebe erfanden.

Obwohl ich noch den Wein spüre und die Farben kräftiger sehe, finde ich allmählich mein Gleichgewicht wieder. Ich muß mich wieder in den Griff bekommen, weil ich die Reise mit ihm machen möchte. Es wird einfach sein, die Kontrolle nicht zu verlieren, denn ich bin nicht verliebt. Wer sein Herz im Zaume hält, kann die Welt erobern.

> *Con un poema y un trombón*
> *a develarte el corazón,*
> Mit einem Gedicht und einer Posaune
> rauben sie dem Herzen den Schlaf,

lautet der Text des Liedes weiter.

›Ich möchte mein Herz einmal nicht im Griff haben‹, denke ich. Würde es mir gelingen, mich einmal, wenn auch nur für ein Wochenende, hinzugeben, würde dieser Regen auf meinem Gesicht anders schmecken. Wenn lieben so einfach wäre, würden wir einander jetzt in den Armen liegen, und die Worte dieses Liedes würden unsere Geschichte erzählen. Müßte ich nach den Feiertagen nicht nach Saragossa, wünschte ich, die Wirkung des Weins möchte niemals aufhören, und ich würde mich frei fühlen, ihn zu küssen, ihn zu liebkosen, die Dinge zu sagen und zu hören, die sich Liebende sagen.

Aber nein. Ich kann nicht.

Ich will nicht.

Salgamos a volar, querida mia, laß uns fliegen, meine Liebste, lautet der Text weiter. Ja, laß uns fliegen, aber zu meinen Bedingungen.

Er weiß noch nicht, daß ich seine Einladung annehmen werde. Warum will ich dieses Risiko eingehen? Weil ich in diesem Augenblick betrunken bin und das ewig gleiche Einerlei meines Lebens satt habe.

Doch dieser Überdruß wird vergehen. Ich werde bald wieder nach Saragossa zurückkehren wollen, der Stadt, in der ich leben wollte. Mein Studium wartet auf mich, das Examen zur Aufnahme in den öffentlichen Dienst. Mich erwartet ein Ehemann, den ich noch finden muß, und das wird nicht leicht sein.

Mich erwartet ein ruhiges Leben mit Kindern und Enkeln, ohne Schulden und mit Urlaub einmal im Jahr. Ich kenne seine Ängste nicht, doch meine kenne ich wohl. Ich brauche keine neuen Ängste – die, die ich habe, reichen mir schon.

Ich könnte mich niemals in jemanden wie ihn verlieben. Ich kenne ihn viel zu gut, wir haben viel Zeit miteinander verbracht, ich kenne seine Schwächen und seine Ängste. Ich kann ihn nicht so rückhaltlos bewundern wie die anderen.

Ich weiß, daß die Liebe wie ein Staudamm ist: Läßt man nur den geringsten Haarriß zu, durch den das Wasser dann dringt, wird der Damm irgendwann brechen, und niemand wird die Gewalt der Wassermassen kontrollieren können.

Wenn die Wände einstürzen, überschwemmt die Liebe alles. Dann kommt es nicht mehr darauf an, ob etwas möglich oder unmöglich ist, dann geht es nicht mehr darum, ob wir den geliebten Menschen an unserer Seite halten können – lieben heißt die Kontrolle verlieren.

Nein, ich darf nicht zulassen, daß sich ein Spalt bildet. Auch kein noch so winziger.

»Moment mal!«

Er hörte sofort auf zu singen. Schnelle Schritte hallten auf dem nassen Boden wider.

»Warten Sie!« rief ein Mann. »Ich muß Sie unbedingt sprechen!«

Doch er beschleunigte seinen Schritt.

»Der meint nicht uns«, sagte er. »Laß uns zum Hotel gehen.«

Wir waren aber gemeint: Außer uns war niemand auf der Straße. Mein Herz begann zu jagen, ich war plötzlich ganz nüchtern. Mir fiel ein, daß Bilbao ja im Baskenland lag und es viele terroristische Attentate gab. Die Schritte näherten sich.

»Komm«, sagte er und ging noch schneller.

Doch es war zu spät. Ein Mann stellte sich, naß von Kopf bis Fuß, zwischen uns.

»Halten Sie, bitte!« sagte der Mann. »Um Gottes willen.«

Ich hatte eine Heidenangst, spähte nach einem Fluchtweg, einem Polizeiwagen, der vielleicht gerade wie durch ein Wunder plötzlich auftauchen würde. Instinktiv ergriff ich seinen Arm – doch er löste meine Hände.

»Bitte!« sagte der Mann. »Ich habe erfahren, daß Sie heute in der Stadt sind. Ich brauche Ihre Hilfe. Es geht um mein Kind.«

Der Mann begann zu weinen und kniete nieder.

»Bitte!« sagte er. »Bitte!«

Er atmete tief durch, senkte den Kopf und schloß

die Augen. Während er schwieg, hörte man nur noch das Rauschen des Regens und die Schluchzer des auf dem Fußweg knienden Mannes.

»Geh ins Hotel, Pilar«, sagte er schließlich. »Und schlaf. Ich komme wahrscheinlich erst im Morgengrauen zurück.«

Montag, 6. Dezember 1993

Die Liebe hat viele Fallstricke. Wenn sie sich uns zeigt, sehen wir nur ihr Licht und nicht ihre Schattenseiten.

»Schau sie dir an, die Welt um uns herum«, sagte er. »Wir sollten uns auf die Erde legen und den Herzschlag des Planeten hören.«

»Später«, sagte ich, »ich kann doch nicht die einzige Jacke schmutzig machen, die ich mithabe.«

Wir wanderten über olivenbaumbestandene Hügel. Nach dem gestrigen Regen in Bilbao war die Morgensonne fast unwirklich. Ich hatte keine Sonnenbrille dabei – nichts hatte ich dabei, denn ich hatte ja eigentlich noch am selben Tag wieder nach Saragossa zurückfahren wollen. Als Nachthemd mußte ich ein Hemd von ihm ausleihen. In einem Laden gleich an der Ecke beim Hotel kaufte ich ein T-Shirt, um wenigstens das waschen zu können, was ich auf dem Leib hatte.

»Du wirst mich noch satt kriegen, immer in denselben Kleidern«, sagte ich scherzend, um zu sehen, ob mich ein banaler Satz wieder in die Wirklichkeit zurückholte.

»Ich bin glücklich, daß du bei mir bist.«

Er hat nicht wieder von Liebe gesprochen, seit er mir die Medaille gegeben hat, doch er ist gut gelaunt, wirkt wieder wie achtzehn. Er geht neben mir her, wie ich in die Helligkeit dieses Morgens getaucht.

»Und was mußt du dort tun?« fragte ich, indem ich auf die Pyrenäen am Horizont deutete.

»Hinter diesen Bergen liegt Frankreich«, antwortete er lächelnd.

»Ich habe in Geographie aufgepaßt. Ich möchte nur wissen, warum wir dorthin müssen.«

Er schwieg geraume Zeit, lächelte nur.

»Ich möchte dir ein Haus zeigen. Vielleicht interessiert es dich.«

»Wenn du mir ein Haus vermitteln willst, bist du bei mir an der falschen Adresse. Ich habe kein Geld.«

Mir war es gleichgültig, ob wir ein Dorf in Navarra besuchten oder nach Frankreich fuhren. Hauptsache, ich verbrachte die Feiertage nicht in Saragossa.

›Siehst du‹, hörte ich meinen Kopf zu meinem

Herzen sagen, ›du bist glücklich, daß du das Angebot angenommen hast. Du hast dich verändert und merkst es nicht einmal.‹

Nein, ich habe mich nicht verändert. Ich bin einfach nur entspannter.

»Sieh dir einmal die Steine am Boden an.«

Sie sind abgerundet wie Kiesel am Meer, obwohl das Meer nie bis zu den Feldern von Navarra gereicht hat.

»Die Füße der Arbeiter, der Pilger, der Abenteurer haben diese Steine geformt«, sagt er. »Sie haben sich verändert, und die Wanderer auch.«

»Haben dich die Reisen alles gelehrt, was du weißt?«

»Nein. Es waren die Wunder der Erleuchtung.«

Ich verstehe ihn nicht, will aber auch nicht genauer wissen, was er meint. Ich bin vollgesogen mit Sonne, erfüllt von der Landschaft, den Bergen am Horizont.

»Wohin gehen wir jetzt?« frage ich.

»Nirgendwohin. Wir genießen einfach nur den Morgen, die Sonne, die schöne Landschaft. Wir haben eine lange Autofahrt vor uns.«

Dann zögert er einen Augenblick und fragt dann: »Hast du die Medaille?«

»Ja«, sage ich und gehe schneller. Ich möchte

nicht, daß er davon spricht, es könnte die Freude und die Unbeschwertheit dieses Morgens zerstören.

Eine Ortschaft taucht auf. Sie liegt hoch oben auf einem Hügel wie eine mittelalterliche Stadt, und ich kann sogar aus der Entfernung den Kirchturm und eine Burgruine sehen.

»Laß uns dorthin gehen«, bitte ich.

Er zögert wieder, willigt jedoch ein. Eine Kapelle liegt am Weg, und ich möchte gern eintreten. Ich kann zwar nicht mehr beten, aber die Stille in den Kirchen beruhigt mich immer.

›Fühl dich nicht schuldig‹, sage ich zu mir selbst. ›Wenn er verliebt ist, ist das seine Sache.‹

Er hat mich nach der Medaille gefragt. Ich weiß, daß er hofft, ich würde auf unser Gespräch im Café zurückkommen. Gleichzeitig fürchtet er zu hören, was er nicht hören möchte, deshalb hakt er nicht nach, läßt das Thema fallen.

Vielleicht liebt er mich ja wirklich. Aber wir werden es schaffen, diese Liebe in etwas anderes zu verwandeln, in etwas Tieferes.

›Lächerlich‹, denke ich bei mir. ›Es gibt nichts Tieferes als die Liebe. In den Märchen küßt die Prinzessin den Frosch, und der verwandelt sich in einen Prinzen. Im wirklichen Leben küßt die Prinzessin den Prinzen, und er verwandelt sich in einen Frosch.‹

Nach etwa einer halben Stunde erreichen wir die Kapelle. Ein alter Mann sitzt auf den Stufen zum Eingang.

Er ist der erste Mensch, den wir seit dem Beginn unserer Wanderung treffen. Denn es ist bereits Herbst, und die Felder sind wieder dem Herrn überlassen, der die Erde segnet und fruchtbar macht, damit der Mensch von ihr im Schweiße seines Angesichts seine Nahrung erntet.

»Guten Tag«, sagt er zu dem Mann.

»Guten Tag.«

»Wie heißt diese Ortschaft dort?«

»San Martín de Unx.«

»Unx?« sage ich. »Das hört sich wie der Name eines Erdgeists an.«

Der Alte versteht den Scherz nicht. Etwas verlegen gehe ich zur Tür der Kapelle.

Die Tür steht offen. Wegen der Helligkeit draußen sehe ich das Innere der Kapelle nur undeutlich.

»Nur einen Augenblick. Ich möchte gern beten.«

»Tut mir leid. Sie ist schon geschlossen.«

Er hört meinem Gespräch mit dem Alten zu, sagt aber nichts.

»Nun ja, dann gehen wir eben wieder«, sage ich. »Es bringt nichts, darüber einen Streit zu beginnen.«

Er sieht mich weiterhin an. Sein Blick ist leer, in die Ferne gerichtet.

»Willst du die Kapelle denn nicht sehen?« fragt er.

Ich weiß, daß ihm meine Haltung nicht gefällt. Er wird mich für schwach, feige, unfähig halten, meinen Willen durchzusetzen. Es brauchte keinen Kuß, die Prinzessin verwandelte sich von allein in eine Kröte.

»Denk an gestern«, sage ich. »Gestern im Café hast du einfach das Gespräch abgebrochen, weil du keine Lust auf eine Diskussion hattest. Jetzt, wo ich genau das gleiche mache, zeigst du mir, daß es dir nicht gefällt.«

Der Alte schaut unserer Diskussion ungerührt zu. Wahrscheinlich freut er sich, weil an diesem Ort, an dem alle Morgen, alle Nachmittage, alle Nächte gleich sind, endlich einmal etwas passiert.

»Die Kirchentür steht offen«, sagt er, zum Alten gewandt. »Wenn Sie Geld haben wollen, bitte sehr. Aber sie möchte die Kirche sehen.«

»Die Zeit ist um.«

»Meinetwegen. Aber wir gehen trotzdem hinein.«

Er packt mich am Arm und tritt mit mir ein.

Ich bekomme Herzklopfen. Der Alte könnte aggressiv werden, die Polizei rufen, uns unsere Wanderung verderben.

»Warum tust du das?«

»Weil du die Kapelle sehen möchtest«, ist seine Antwort.

Aber mir gelingt es nicht, genau zu sehen, wie es drinnen aussieht. Mein Benehmen hat den Zauber eines beinahe vollkommenen Morgens zerstört.

Ich höre nur auf das, was draußen geschieht, ich stelle mir vor, daß der Alte weggegangen ist und die Dorfpolizei anrückt. Unerlaubtes Eindringen in eine Kirche. Diebe. Ich tat etwas Verbotenes, übertrat das Gesetz. Der Alte hatte gesagt, sie sei geschlossen, die Besichtigungszeit vorbei! Er war ein armer Alter, der uns nicht zurückhalten konnte, und die Polizei würde noch härter mit uns verfahren, weil wir einen Greis respektlos behandelt hatten.

Ich bleibe nur so lange drinnen, wie es nötig ist, um den Eindruck zu erwecken, daß ich mich nicht unbehaglich fühle. Mein Herz schlägt noch immer so heftig, daß ich fürchte, er könnte es hören.

»Wir können gehen«, sage ich, als ich so lange gewartet habe, wie ein Ave-Maria dauert.

»Hab keine Angst, Pilar. Du mußt hier nichts inszenieren.«

Ich wollte nicht, daß das Problem mit dem Alten zu einem Problem mit ihm wurde. Ich mußte Ruhe bewahren.

»Ich weiß nicht, was du mit ›inszenieren‹ meinst«, entgegne ich.

»Es gibt Leute, die sind mit jemandem im Streit, mit sich selbst im Streit, mit dem Leben im Streit. Sie fangen dann an, in ihrem Kopf eine Art Theaterstück zu inszenieren, dessen Handlung ihren Frustrationen entspricht.«

»Ich kenne viele Leute, die das tun. Ich weiß, wovon du redest.«

»Das Schlimmste ist jedoch, daß sie dieses Theaterstück nicht allein aufführen können«, fuhr er fort. »Und dann holen sie sich Mitspieler heran. Genau das hat der Alte getan. Vielleicht wollte er sich für etwas rächen und hat nun uns als Sündenböcke ausgesucht. Wären wir auf sein Verbot eingegangen, würden wir es jetzt bereuen und uns besiegt vorkommen. Wir hätten uns dann nur darauf eingelassen, Teil seines kleinlichen Lebens und seiner Frustrationen zu sein. Der Mann steckte voller Aggressionen, das war nicht zu übersehen, und es war einfach für uns, sein Spiel nicht mitzumachen. Andere Menschen hingegen führen sich als Opfer auf, beklagen sich über die Ungerechtigkeit des Lebens, bitten, ihnen zuzustimmen, ihnen Ratschläge zu geben, und fordern uns so auf, in ihrem Stück mitzuspielen.«

Er blickte mir in die Augen.

»Vorsicht«, sagte er. »Wenn man sich auf dieses Spiel einläßt, ist man am Ende immer der Verlierer.«

Er hatte recht. Dennoch fühlte ich mich da drinnen nicht ganz wohl in meiner Haut.

»Ich habe schon gebetet. Was ich wollte, ist getan. Wir können hinausgehen.«

Wir traten ins Freie. Nach der Dunkelheit in der Kapelle blendete mich das gleißende Sonnenlicht. Als sich meine Augen an die Helligkeit gewöhnt hatten, sah ich, daß der Alte nicht mehr da war.

»Laß uns zu Mittag essen«, sagte er und schlug den Weg zur Ortschaft ein.

Ich trinke zwei Glas Wein zum Mittagessen. So viel habe ich nie in meinem Leben getrunken. Ich werde noch zur Alkoholikerin.

»Du übertreibst.«

Er redet mit dem Kellner. Erfährt, daß es ein paar römische Ruinen in der Gegend gibt. Ich versuche, dem Gespräch zu folgen, doch es gelingt mir nicht, meine schlechte Laune zu unterdrücken.

Die Prinzessin hat sich in eine Kröte verwandelt. Sei's drum! Ich mußte niemandem etwas beweisen, denn ich war auf nichts aus, weder auf einen Mann noch auf eine Liebe!

›Ich hab's ja gewußt‹, denke ich, ›daß er meine Welt aus dem Gleichgewicht bringen würde. Mein Kopf hat mich schon gewarnt, aber das Herz wollte nicht hören.‹

Ich habe einen hohen Preis für das zahlen müssen, was ich habe. Mußte auf vieles verzichten, was ich mir wünschte; habe viele Wege nicht eingeschlagen, die sich mir auftaten; habe meine Träume im Namen eines größeren Traumes geopfert: für meinen inneren Frieden. Den will ich nicht wieder verlieren.

»Du bist angespannt«, sagt er, die Unterhaltung mit dem Kellner unterbrechend.

»Ja, das bin ich. Ich glaube, der Alte hat die Polizei gerufen. Diese Stadt ist klein, ich glaube, sie werden bereits wissen, wo wir zu finden sind. Warum mußtest du ausgerechnet hier zu Mittag essen, das könnte das Ende unserer Feiertage bedeuten.«

Er dreht ständig ein Glas mit Mineralwasser in seiner Hand. Wahrscheinlich weiß er, daß es das nicht ist, daß ich mich in Wahrheit schäme. Warum machen wir dies nur mit unserem Leben? Warum sehen wir nur das Staubkorn in unserem Auge und nicht die Berge, die Felder, die Olivenbäume?

»Hör zu: Nichts dergleichen wird geschehen«, sagt er. »Der Alte ist längst zu Hause angekommen und erinnert sich überhaupt nicht mehr an diesen Zwischenfall. Glaub mir.«

›Deswegen bin ich doch gar nicht angespannt, du Dummkopf‹, denke ich.

»Hör mehr auf dein Herz«, fährt er fort.

»Genau das tue ich doch: Ich höre darauf«, entgegne ich. »Ich möchte hier weg. Ich fühle mich nicht wohl in meiner Haut.«

»Trink tagsüber nicht so viel. Das bringt nichts.«

Bis zu diesem Augenblick hatte ich mich im Griff. Jetzt sollte ich ihm besser sagen, was ich auf dem Herzen habe.

»Du glaubst, du weißt alles«, sage ich. »Verstehst was von magischen Augenblicken, vom inneren

Kind. Ich weiß überhaupt nicht, warum du mit mir hier sitzt!«

Er lacht.

»Ich bewundere dich«, sagt er. »Ich bewundere den Kampf, den dein Verstand gegen dein Herz führt.«

»Was für einen Kampf?«

»Ach nichts«, antwortet er.

Doch ich weiß, was er meint.

»Mach dir nichts vor«, antworte ich. »Wenn du willst, reden wir darüber. Du irrst dich in bezug auf meine Gefühle.«

Er hört damit auf, das Glas in seiner Hand zu drehen, und sieht mich an:

»Das tue ich nicht. Ich weiß, daß du mich nicht liebst.«

Jetzt bin ich noch verwirrter.

»Doch ich werde darum kämpfen«, fährt er fort, »es gibt Dinge im Leben, für die zu kämpfen sich bis zum Schluß lohnt.«

Seine Worte machen mich sprachlos.

»Für dich lohnt es sich«, sagt er.

Ich sehe weg, tue so, als sei ich an der Einrichtung des Restaurants interessiert. Ich hatte mich wie eine Kröte gefühlt, und nun war ich wieder eine Prinzessin.

›Ich würde seinen Worten gerne glauben‹, denke ich, während ich ein Bild mit Fischern und Booten anschaue. ›Doch das wird nichts ändern, wenigstens fühle ich mich nicht mehr so schwach, so unfähig.‹

»Entschuldige bitte, wenn ich aggressiv war«, sage ich.

Er lächelt, ruft den Kellner und zahlt.

Auf dem Rückweg bin ich noch verwirrter. Vielleicht ist es die Sonne. Aber nein, es ist Herbst, und die Sonne ist nicht mehr so heiß. Vielleicht ist es der Alte, doch der Alte ist längst aus meinem Leben verschwunden.

Vielleicht ist auch alles nur neu. Ein neuer Schuh ist unbequem. Mit dem Leben ist es nicht anders: Es packt uns unversehens und zwingt uns, unsere Schritte ins Unbekannte zu lenken, immer dann, wenn wir es nicht wollen, wenn wir es nicht brauchen können.

Ich versuche mich auf die Landschaft zu konzentrieren, doch es gelingt mir nicht mehr, die Olivenhaine, die kleine Stadt auf dem Berg, die Kapelle mit dem Alten an der Tür zu sehen. Es ist mir alles fremd.

Ich erinnere mich an unseren Schwips von gestern und an das Lied, das er sang:

Las tardicitas de Buenos Aires tienen este no sé...
Que sé yo?
Viste, sali de tu casa, por Arenales

Die Abende in Buenos Aires haben das gewisse Etwas...
Wer weiß?
Hast du gesehen, wie ich die Rua Arenales entlangging,
  nachdem ich dein Haus verlassen hatte?

Wieso Buenos Aires, wo wir doch in Bilbao waren? Warum die Rua Arenales? Was wollte er damit sagen?

»Was war das für ein Lied, das du gestern gesungen hast?« frage ich ihn.

»*Balada para un loco,* die Ballade für einen Verrückten«, sagt er. »Warum fragst du mich heute danach?«

»Nur so«, antworte ich.

Aber ich weiß, er hat es extra gemacht. Dieses Lied, das er mir vorgesungen hat, war eine Falle. Er hat mich den Text auswendig lernen lassen, dabei müßte ich meinen Kopf für meinen Examensstoff freihalten. Er hätte ein bekanntes Lied singen können, eines, das ich schon tausendmal gehört habe, aber er mußte natürlich eins nehmen, das ich noch nie gehört hatte.

Es ist eine Falle. Denn wenn dieses Lied später

einmal im Radio gespielt wird oder jemand diese Platte auflegt, werde ich mich an ihn erinnern, an Bilbao, an die Zeit, in der der Herbst meines Lebens wieder zum Frühling wurde. Ich werde mich an die Erregung, an das Abenteuer, an das Kind in mir erinnern, das, Gott allein weiß, woher, wieder aufgetaucht war.

Er hat das alles bedacht. Er ist klug, erfahren und weiß, was er tun muß, um die Frau zu erobern, die er begehrt.

›Ich werde noch verrückt‹, sage ich mir. ›Ich glaube, ich bin Alkoholikerin, weil ich zwei Tage hintereinander etwas getrunken habe. Ich bin sicher, er kennt alle Tricks. Mit seiner sanften Art hat er mich fest im Griff.‹

»Ich bewundere den Kampf, den dein Verstand mit deinem Herzen ausficht«, hat er im Restaurant gesagt.

Aber er irrt sich. Denn ich habe bereits gekämpft und mein Herz schon vor langer Zeit besiegt. Ich werde mich nicht in das Unmögliche verlieben. Ich kenne meine Grenzen und die Grenzen meiner Leidensfähigkeit.

»Sag etwas«, bitte ich ihn, während wir zum Wagen zurückgehen.

»Was denn?«

»Irgend etwas. Rede mit mir.«

Er fängt an, mir etwas von den Erscheinungen der Jungfrau Maria in Fátima zu erzählen. Ich weiß nicht, wie er darauf kommt, aber die Geschichte von den drei Hirtenkindern, die mit der Muttergottes sprachen, lenkt mich von meinen Gedanken ab.

Mein Herz beruhigt sich allmählich. Jawohl, ich kenne meine Grenzen und habe mich im Griff.

Wir kamen nachts an. Es herrschte so dichter Nebel, daß man kaum die Hand vor Augen sehen konnte. Ich sah nur einen kleinen Platz, eine Laterne, einige vom gelben Licht schlecht beleuchtete mittelalterliche Häuser, einen Brunnen.

»Der Nebel!« sagte er erregt. »Wir sind in Saint-Savin.«

Der Name sagte mir nichts. Aber wir waren in Frankreich, und das fand ich aufregend.

»Warum sind wir hier?«

»Wegen des Hauses, das ich dir verkaufen will«, antwortete er lachend. »Außerdem habe ich versprochen, daß ich am Tag der Unbefleckten Empfängnis hierher zurückkehren würde.«

»Hierher?«

»Ja, hier in der Nähe.«

Er hielt den Wagen an. Wir stiegen aus, er nahm mich bei der Hand, und wir gingen durch den Nebel.

»Dieser Ort trat unerwartet in mein Leben«, sagte er.

›Du auch in meins‹, dachte ich.

»Hier dachte ich einmal, ich hätte mich verlaufen, doch das stimmte nicht: in Wahrheit fand ich hier meinen Weg.«

»Du sprichst in Rätseln«, sagte ich.

»Hier habe ich begriffen, daß du mir in meinem Leben fehlst.«

Ich sah mich um. Ich begriff nicht, wieso.

»Was hat das mit deinem Weg zu tun?«

»Wir werden uns ein Zimmer suchen, denn die beiden einzigen Hotels in dieser kleinen Stadt sind nur im Sommer geöffnet. Dann essen wir in einem guten Restaurant zu Abend, ganz entspannt, ohne die Polizei auf den Fersen, ohne Hals über Kopf zum Wagen rennen zu müssen. Und wenn der Wein unsere Zunge gelöst hat, dann reden wir ausführlich miteinander.«

Wir lachten beide. Ich war schon zu entspannt. Während der Reise wurde mir deutlich, was für

Unsinn ich gedacht hatte. Als wir durch das Gebirge fuhren, das Frankreich von Spanien trennt, hatte ich Gott darum gebeten, mir die Anspannung und die Angst von der Seele zu nehmen.

Ich war es müde, diese kindliche Rolle zu spielen, mich so zu verhalten wie viele meiner Freundinnen, die Angst vor der unmöglichen, unerfüllbaren Liebe hatten, jedoch nicht einmal wußten, was diese ›unmögliche Liebe‹ überhaupt war. Wenn ich so weitermachte, würde ich noch alles verderben, was mir diese paar Tage mit ihm zusammen Gutes geben konnten.

›Vorsicht‹, dachte ich, ›Vorsicht mit dem Haarriß im Staudamm. Ist er erst da, kann ihn nichts auf der Welt wieder schließen.‹

»Möge uns die Heilige Jungfrau von nun an beschützen«, sagte er.

Ich antwortete nicht.

»Warum sagst du nicht Amen?« fragte er.

»Weil ich es nicht so wichtig finde. Es gab Zeiten, in denen gehörte die Religion zu meinem Leben, doch diese Zeiten sind vorüber.«

Er machte auf dem Absatz kehrt, und wir gingen zum Wagen.

»Ich bete noch«, fuhr ich fort. »Ich habe gebetet, als wir über die Pyrenäen gefahren sind. Doch das geschieht fast automatisch, ich bin mir nicht einmal sicher, ob ich daran wirklich glaube.«

»Warum?«

»Weil ich gelitten habe und Gott mich nicht erhört hat. Weil ich viele Male in meinem Leben versucht habe, von ganzem Herzen zu lieben, und die Liebe am Ende mit Füßen getreten, verraten wurde. Wenn Gott die Liebe ist, müßte er sich um mein Gefühl mehr kümmern.«

»Gott ist die Liebe. Doch wer davon etwas versteht, ist die Heilige Jungfrau Maria.«

Ich brach in Lachen aus. Als ich ihn wieder ansah, war er ernst. Es war kein Scherz gewesen.

»Die Heilige Jungfrau kennt das Geheimnis der vollkommenen Hingabe«, fuhr er fort. »Und da sie geliebt und gelitten hat, hat sie uns vom Schmerz befreit. Genauso, wie Jesus uns von den Sünden befreit hat.«

»Jesus war Gottes Sohn. Die Heilige Jungfrau war nur eine Frau, der die Gnade zuteil wurde, ihn in ihrem Schoße zu empfangen«, entgegnete ich. Ich wollte das unpassende Gelächter wiedergutmachen, ich wollte, daß er merkte, daß ich seinen Glauben respektiere. Aber über Glaube und über Liebe diskutiert man nicht, vor allem nicht in einer so reizenden Stadt wie dieser.

Er öffnete den Kofferraum und holte die beiden Taschen heraus. Als ich mein Gepäckstück selbst tragen wollte, lächelte er.

»Laß nur, ich trage es für dich.«

›Wie lange schon hat mich niemand so behandelt‹, dachte ich.

Wir klopften an die erste Tür. Die Frau sagte, sie vermiete keine Zimmer. Bei der zweiten Tür öffnete niemand. Bei der dritten empfing uns ein freundlicher Alter, doch als wir uns das Zimmer ansahen, stand dort nur ein Doppelbett. Ich wollte nicht.

»Vielleicht fahren wir besser in eine größere Stadt«, schlug ich vor.

»Wir werden schon ein Zimmer bekommen«, antwortete er. »Kennst du die Übung mit dem Anderen? Sie gehört zu einer vor hundert Jahren geschriebenen Geschichte, deren Autor –«

»Vergiß den Autor und erzähl mir die Geschichte«, bat ich ihn, während wir über den einzigen Platz von Saint-Savin gingen.

Ein Mann trifft einen alten Freund, der erfolglos versucht hatte, es im Leben zu etwas zu bringen. ›Ich werde ihm ein bißchen Geld geben‹, denkt er. Doch er erfährt noch in derselben Nacht, daß sein alter Freund reich war und beschlossen hatte, alle

Schulden zurückzubezahlen, die er in den Jahren gemacht hatte.

Die beiden gehen in eine Bar, die sie früher immer gemeinsam besucht hatten, und er gibt eine Runde aus. Als er gefragt wird, wie er solchen Erfolg haben konnte, antwortet er, daß er bis vor einigen Tagen der Andere gewesen sei.

»Wer ist der Andere?« fragen sie ihn.

»Der Andere ist der, den sie mich zu sein gelehrt haben, der ich aber nicht bin. Der Andere glaubt, daß der Mensch sein ganzes Leben lang nur daran denken muß, wie er so viel Geld zusammenbekommt, daß er nicht Hungers stirbt, wenn er alt ist. Er denkt so viel und macht so viele Pläne, daß er erst, als seine Tage auf Erden schon gezählt sind, entdeckt, daß er lebt. Doch da ist es schon zu spät.«

»Das bist du, nicht wahr?«

»Ich bin wie jeder andere, wenn ich auf mein Herz höre. Ein Mensch, der staunend die Mysterien des Lebens betrachtet, ist offen für die Wunder; das, was er tut, löst Freude und Begeisterung in ihm aus. Nur der Andere läßt ihn aus Angst, enttäuscht zu werden, nicht handeln.

»Aber es gibt doch das Leiden«, sagen die Leute in der Bar.

»*Es gibt Niederlagen. Niemand ist gegen sie gefeit. Deshalb ist es besser, im Kampf um seine Träume ein paar Schlachten zu verlieren, als besiegt zu werden, ohne zu wissen, wofür man kämpft.*«

»*Ist das alles?*« fragen die Leute in der Bar.

»*Ja. Als ich das entdeckt habe, bin ich aufgewacht und habe beschlossen, der zu sein, der ich in Wahrheit immer sein wollte. Der Andere blieb dort in meinem Zimmer und sah mich an, doch ich habe ihn nie wieder hereingelassen, obwohl er immer wieder versucht hat, mich zu erschrecken, mich auf das Risiko aufmerksam zu machen, das ich einging, wenn ich nicht mehr an die Zukunft dachte. In dem Augenblick, als ich den Anderen aus meinem Leben vertrieben habe, hat die Kraft Gottes begonnen, ihre Wunder zu tun.*«

›Diese Geschichte hat er bestimmt erfunden. Sie ist zwar hübsch, aber wahr ist sie nicht‹, dachte ich, während wir weiter nach einer Übernachtungsmöglichkeit suchten. Saint-Savin bestand aus nicht mehr als dreißig Häusern, und wenn wir nichts fanden, würden wir genau das tun müssen, was ich vorgeschlagen hatte, nämlich in eine größere Stadt fahren.

Doch mochte er auch noch soviel Begeisterung in sich tragen, mochte der Andere sich längst aus seinem Leben verabschiedet haben, die Bewohner von Saint-Savin wußten nicht, daß sein Traum war, hier zu schlafen, und dachten nicht daran, ihm zu helfen. Doch während er diese Geschichte erzählte, habe ich mich darin gesehen, meine Ängste, meine Unsicherheit, meine Weigerung, das Schöne um mich herum wahrzunehmen, weil morgen schon alles vorbei sein und ich leiden könnte.

Die Götter würfeln und fragen nicht, ob wir mitspielen wollen. Ihnen ist es gleichgültig, ob du einen Mann, ein Haus, eine Arbeit, einen Traum aufgegeben hast. Die Götter kümmert es wenig, ob in deinem Leben alles seinen Platz hat und ob deine Wünsche durch Arbeit und Beharrlichkeit erfüllt werden. Die Götter scheren sich nicht um unsere Pläne und um unsere Hoffnungen. Irgendwo da draußen im Universum würfeln sie, und irgendwann bist du dran. Ob du gewinnst oder verlierst, ist eine Frage des Zufalls.

Die Götter würfeln und lassen die Liebe aus ihrem Käfig. Diese Kraft kann schöpferisch oder zerstörerisch sein, je nachdem, woher der Wind weht, wenn sie aus ihrem Käfig kommt.

Im Augenblick wehte diese Kraft ihn an. Doch

der Wind ist unberechenbar wie die Götter. Und tief in meinem Innern begann ich einige Windstöße zu spüren.

Als wollte das Schicksal mir zeigen, daß die Geschichte vom Andern wahr war und das Universum sich immer mit den Träumern verbündet, fanden wir ein Haus, in dem wir bleiben konnten, mit einem Schlafzimmer mit zwei Betten. Als allererstes nahm ich ein Bad, wusch meine Wäsche und zog das T-Shirt an, das ich gekauft hatte. Ich fühlte mich wie neu – und das gab mir Sicherheit.

›Wer weiß, vielleicht mag ja die Andere dieses T-Shirt gar nicht‹, kicherte ich in mich hinein.

Nach dem Abendessen mit den Besitzern des Hauses – auch Restaurants waren im Herbst und im Winter geschlossen – bat er um eine Flasche Wein und versprach, gleich morgen eine neue zu kaufen.

Wir zogen unsere Jacken an, liehen uns zwei Gläser und gingen hinaus.

»Wir könnten uns an den Brunnen setzen«, sagte ich.

Dort ließen wir uns nieder und tranken, um die Kälte und die Spannung zu vertreiben.

»Es scheint, der Andere ist wieder in dich gefahren«, scherzte ich. »Er ist schlechter gelaunt.«

Er lachte.

»Ich habe gesagt, wir werden ein Zimmer finden, und wir haben eins gefunden. Das Universum hilft uns immer im Kampf um unsere Träume, so verrückt sie auch sein mögen. Denn es sind unsere Träume, und nur wir selbst wissen, wieviel Mühe es uns kostet, sie zu träumen.«

Der vom Laternenlicht gelb gefärbte Nebel verhüllte die andere Seite des Platzes.

Ich atmete tief ein. Die Sache duldete keinen Aufschub mehr.

»Wir wollten über die Liebe sprechen«, fuhr ich fort. »Es läßt sich nicht mehr vermeiden. Du weißt, wie es mir in den letzten Tagen ergangen ist.«

›Wäre es nach mir gegangen, dieses Thema wäre nie zur Sprache gekommen. Aber da es nun mal so ist, geht es mir nicht aus dem Sinn.‹

»Lieben ist gefährlich.«

»Ich weiß«, antwortete ich. »Ich habe schon geliebt. Lieben ist wie eine Droge. Anfangs beschert sie einem Hochgefühl, völlige Hingabe. Am Tag darauf willst du noch mehr. Du bist zwar noch nicht süchtig, doch das Gefühl hat dir gefallen, und du glaubst, es kontrollieren zu können. Du denkst drei Minuten an den geliebten Menschen, doch dann vergißt du ihn drei Stunden lang. Doch ganz allmählich gewöhnst du dich an diesen Menschen und wirst vollkommen abhängig von ihm. Dann denkst du drei Stunden an ihn und vergißt ihn für drei Minuten. Ist er nicht bei dir, verspürst du die gleichen Entzugserscheinungen wie die Drogensüchtigen. Und genau wie die Drogensüchtigen, die stehlen und sich erniedrigen, um das zu bekommen, was sie brauchen, bist auch du gewillt, alles für die Liebe zu tun.«

»Was für ein gräßliches Beispiel«, sagte er.

Es war wirklich ein gräßliches Beispiel, das nicht zum Wein, zum Brunnen, zu den mittelalterlichen Häusern am Platz paßte. Wenn er so viele Schritte um der Liebe willen unternommen hatte, mußte er die Gefahren kennen.

»Deshalb müssen wir jemanden lieben, den wir in unserer Nähe haben können«, schloß ich.

Er blickte lange in den Nebel. Offenbar war er nicht mehr auf die gefährlichen Fahrwasser eines Gespräches über die Liebe erpicht. Ich war hart, doch es ging nun einmal nicht anders.

›Lassen wir es dabei bewenden‹, dachte ich. ›Drei

Tage Zusammenleben und dazu noch die peinliche Tatsache, daß er mich immer in denselben Kleidern sah, haben ihn wieder zur Räson gebracht.‹ Ich war zwar in meinem weiblichen Stolz gekränkt, doch mein Herz schlug leichter.

›Aber will ich das überhaupt?‹

Denn ich verspürte bereits die Stürme, die der Wind der Liebe heranträgt. Ich bemerkte, daß es in der Mauer des Staudamms ein Loch gab.

Wir saßen lange dort und tranken, doch wir sprachen nicht über ernste Dinge. Wir unterhielten uns über die Besitzer des Hauses, in dem wir übernachteten, und den Heiligen, der diese Stadt gegründet hatte. Er erzählte mir ein paar Legenden über die Kirche auf der anderen Seite des Platzes, die ich wegen des dichten Nebels nicht erkennen konnte.

»Du bist zerstreut«, sagte er irgendwann.

Ja, meine Gedanken schweiften. Ich hätte gern dort mit jemandem gesessen, der mein Herz in Frieden ließ, mit jemandem, mit dem ich diesen Augenblick ohne die Angst erleben konnte, ihn am nächsten Tag zu verlieren. Dann würde die Zeit nicht so rasen, wir könnten einfach schweigen, da wir ja das restliche Leben noch vor uns hätten, um miteinander zu reden. Ich müßte mir nicht über ernste Dinge den Kopf zerbrechen, schwierige Entscheidungen treffen, harte Worte aussprechen.

Wir schweigen. Das ist ein Zeichen. Das erste Mal schweigen wir einfach, obwohl es mir erst jetzt bewußt wird, als er sich erhebt, um noch eine Flasche Wein zu holen.

Wir schweigen. Ich lausche dem Knirschen seiner Schritte, die zum Brunnen zurückkehren, wo wir seit über einer Stunde sitzen, trinken und in den Nebel blicken.

Das erste Mal schweigen wir wirklich. Es ist nicht dieses beklemmende Schweigen wie im Auto auf dem Weg von Madrid nach Bilbao. Es ist nicht das Schweigen meines beklommenen Herzens, in der Kapelle in der Nähe von San Martín de Unx.

Seine Schritte halten inne. Er blickt mich an – es muß schön sein, was er jetzt sieht: eine Frau, die an einem Brunnen sitzt, eine neblige Nacht im Laternenschein.

Die mittelalterlichen Häuser, die Kirche aus dem 11. Jahrhundert und die Stille.

Die zweite Flasche Wein ist halb leer, als ich zu reden anfange: »Heute morgen war ich schon fast davon überzeugt, Alkoholikerin zu sein. Ich trinke den ganzen Tag. In diesen drei Tagen habe ich mehr getrunken als im ganzen letzten Jahr.«

Er streicht mir wortlos über den Kopf. Ich spüre die Berührung und schiebe seine Hand nicht weg.

»Erzähl mir etwas über dein Leben«, bitte ich ihn.

»Da gibt es keine großen Geheimnisse. Es gibt meinen Weg, und ich tue alles, um ihn in Würde zu gehen.«

»Und was für ein Weg ist das?«

»Der Weg eines, der die Liebe sucht.«

Seine Hände spielen mit der leeren Flasche.

»Und die Liebe ist ein komplizierter Weg, nicht wahr? Weil dieser Weg uns entweder in den Himmel oder aber in die Hölle führt«, sage ich, obwohl ich nicht ganz sicher bin, ob er mich damit meint.

Er sagt nichts. Vielleicht ist er noch immer in den Ozean des Schweigens abgetaucht, doch der Wein hat mir die Zunge gelöst, ich muß einfach reden.

»Du hast gesagt, daß sich in dieser Stadt etwas für dich geändert hat.«

»Ich glaube, ja. Ich bin mir noch nicht ganz sicher, darum wollte ich dich hierherbringen.«

»Ist das ein Test?«

»Nein. Es ist Hingabe. Damit sie mir hilft, die richtige Entscheidung zu treffen.«

»Wer?«

»Die Heilige Jungfrau.«

Die Heilige Jungfrau. Das hätte ich ahnen müssen. Ich war beeindruckt davon, daß so viele Jahre der Reisen, der Entdeckungen neuer Horizonte ihn nicht vom Katholizismus der Kinderjahre befreit hatten. Da hatten meine Freunde und ich uns weiterentwickelt. Wir lebten nicht mehr unter dem Druck der Schuld und der Sünden.

»Es ist beeindruckend, wie du nach allem, was du erlebt hast, deinen Glauben behalten konntest.«

»Ich habe ihn nicht behalten. Ich habe ihn verloren und wiedergefunden.«

»Aber bei heiligen Jungfrauen? In unmöglichen eingebildeten Dingen? Hattest du kein Sexualleben?«

»Doch, ein ganz normales. Ich habe mich in viele Frauen verliebt.«

Ich verspüre einen Stich Eifersucht, bin überrascht über meine Reaktion. Doch der innere Kampf scheint sich gelegt zu haben, und ich will ihn nicht wieder entfachen.

»Warum ist sie ›Die Heilige Jungfrau‹? Warum

zeigen sie uns die Muttergottes nicht als eine normale Frau, die genauso ist wie alle anderen Frauen?«

Er trinkt den kleinen Rest, der noch in der Flasche ist, aus. Fragt mich, ob er noch eine holen soll, und ich sage nein.

»Ich möchte, daß du mir eine Antwort gibst. Immer, wenn wir irgendein Thema anschneiden, redest du von etwas anderem.«

»Sie war eine ganz normale Frau. Sie hatte andere Kinder. Die Bibel erzählt uns, daß er noch zwei Brüder hatte. Die Jungfräulichkeit bei der Zeugung von Jesus hatte einen anderen Grund: Maria leitet eine neue Ära der Gnade ein. Eine neue Zeit beginnt. Sie ist die kosmische Braut, die Erde, die sich dem Himmel öffnet und sich befruchten läßt. Weil sie mutig ist, nimmt sie in diesem Augenblick ihr eigenes Schicksal an, macht, daß Gott auf die Erde kommt. Und sie verwandelt sich in die Große Mutter.«

Mir fällt es schwer, seinen Worten zu folgen. Er bemerkt es.

»Sie ist das weibliche Antlitz Gottes. Sie besitzt seine Göttlichkeit.«

Er bringt diese Worte mühsam hervor, beinahe widerwillig, als würde er eine Sünde begehen.

»Eine Göttin?« frage ich.

Ich warte darauf, daß er es mir genauer erklärt, doch er redet nicht weiter. Minuten vorher hatte ich noch ironisch seinen Katholizismus belächelt. Jetzt klangen seine Worte für mich wie eine Blasphemie.

»Wer ist die Jungfrau? Wer ist die Göttin?« hake ich nach.

»Es ist nicht einfach zu erklären«, sagt er und scheint sich immer unbehaglicher zu fühlen. »Ich habe etwas mit, das ich geschrieben habe. Wenn du magst, kannst du es lesen.«

»Mir geht es nicht darum, etwas zu lesen, ich möchte, daß du es mir erklärst.« Ich lasse nicht locker.

Er greift zur Weinflasche, doch sie ist leer. Wir wissen nicht mehr, was uns zu diesem Brunnen geführt hat. Etwas Bedeutsames ist gegenwärtig, als bewirkten seine Worte ein Wunder.

»Sprich weiter«, beharre ich.

»Ihr Symbol ist das Wasser, um sie ist Nebel. Die Göttin benutzt das Wasser, um sich zu offenbaren.«

Der Nebel scheint lebendig zu werden und sich in etwas Heiliges zu verwandeln, ich bin aber noch genauso schlau wie vorher.

»Ich möchte dir jetzt keinen Geschichtsunterricht geben. Wenn du magst, kannst du das in dem Text nachlesen, den ich bei mir habe. Doch du mußt wissen, daß es diese Frau, die Göttin, die Jungfrau Maria, die jüdische Shechinah, die Große Mutter, Isis, Sophia, Dienerin und Herrin, in allen Religionen der Welt gibt. Sie wurde vergessen, verboten, verborgen, doch sie wurde in den Jahrtausenden bis heute immer weiter verehrt.«

›Gott hat zwei Gesichter, und eines ist das Antlitz einer Frau.‹

Ich blicke ihm ins Gesicht. Seine Augen leuchten und schauen gebannt auf den Nebel vor uns. Ich merke, daß er auch ohne mein Zutun weiterreden würde.

»Sie ist im ersten Kapitel der Bibel gegenwärtig, als Gottes Geist über den Wassern schwebte, und Er die Feste über den Wassern von der Feste unter den Wassern schied, die Er den Himmel nannte. Das ist die mystische Vermählung von Himmel und Erde. Sie ist auch im letzten Kapitel der Bibel gegenwärtig, wo es heißt:

Der Geist und die Braut sagen: Komm.
Der, der hören kann, sage: Komm.
Der, den es dürstet, sage: komm,
und der, der es will, möge das Wasser des Lebens
umsonst bekommen.

»Weil das Symbol der weiblichen Seite Gottes das Wasser ist?«

»Ich weiß es nicht. Doch im allgemeinen wählt sie das Wasser aus, um sich zu offenbaren. Vielleicht, weil sie die Quelle des Lebens ist. Wir werden im Wasser ausgetragen, neun Monate lang bleiben wir dort.«

›Das Wasser ist das Symbol für die Macht der Frau, einer Macht, die kein Mann, so erleuchtet oder vollkommen er auch sein mag, je erlangen kann.‹

Einen Augenblick hält er inne, fährt dann aber weiter fort: »In jeder Religion, in jeder Tradition zeigt sie sich auf die verschiedenste Art und Weise, doch sie offenbart sich immer. Da ich katholisch bin, sehe ich sie, wenn ich vor der Jungfrau Maria stehe.«

Er nimmt mich bei der Händen, und kaum fünf Minuten später liegt Saint-Savin hinter uns. Wir kommen an einer Säule am Straßenrand vorbei. Das Kruzifix darauf ist seltsam: Die Heilige Jungfrau nimmt dort den Platz von Jesus Christus ein. Mir fallen seine Worte wieder ein, und ich bin überrascht.

Jetzt sind wir ganz von Dunkelheit und Nebel umfangen. Ich stelle mir vor, wie ich im Wasser bin, im Mutterleib, wo weder die Zeit noch der Gedanke existieren. Alles, was er gesagt hat, leuchtet durchaus ein. Ich erinnere mich an die Frau beim Vortrag. Ich erinnere mich an die junge Frau, die mich mit sich zu dem Platz genommen hat. Auch sie hatte gesagt, daß das Wasser das Symbol der Göttin sei.

»Zwanzig Kilometer von hier gibt es eine Grotte«, fährt er fort. »Am 11. Februar 1858 sammelte dort ein Mädchen mit zwei anderen Kindern Holz. Es war ein zartes, asthmatisches Mädchen, dessen Armut schon Elend genannt werden konnte. An jenem Wintertag fürchtete es sich davor, einen kleinen Bach zu überqueren. Es hätte naß, krank werden können, und seine Eltern waren auf den kargen Lohn angewiesen, den es als Hirtin verdiente.

Da erschien eine weißgekleidete Frau mit zwei goldenen Rosen zu ihren Füßen. Sie behandelte das Mädchen wie eine Prinzessin, bat es höflich darum, eine bestimmte Anzahl von Malen dorthin zurückzukommen, und verschwand wieder. Die beiden anderen Kinder, die gesehen hatten, wie das Mädchen in Trance gefallen war, erzählten die Geschichte überall herum.

Von diesem Augenblick an begann für das Mädchen ein dornenvoller Weg. Es wurde festgenommen, und man verlangte von ihm, daß es alles leugnete. Leute versuchten, es zu bestechen, damit es die Erscheinung um einen Gefallen für sie bat. Anfangs wurde ihre Familie öffentlich beschimpft. Die Leute sagten, das Mädchen habe mit dieser Geschichte nur die Aufmerksamkeit auf sich lenken wollen.

Das Mädchen, es hieß Bernadette, wußte überhaupt nicht, was es da sah. Es nannte die Frau ›Jenes Wesen‹, und seine besorgten Eltern suchten beim Dorfpfarrer Hilfe. Der Pfarrer schlug vor, daß es, wenn es die Erscheinung wieder sah, diese bitten sollte, ihm ihren Namen zu nennen.

Bernadette tat, was ihr der Pfarrer aufgetragen hatte, doch die Antwort war nur ein Lächeln. ›Jenes Wesen‹ erschien ihr insgesamt achtzehnmal, zumeist schweigend. Einmal bat sie das Mädchen, die Erde zu küssen. Obwohl sie nicht wußte, worum es ging, tat Bernadette, was sie ›Jenes Wesen‹ geheißen hatte. Einmal bat sie das Mädchen, ein Loch in den Boden der Grotte zu graben. Bernadette gehorchte, und sogleich entstand eine Pfütze voll schlammigen Wassers, denn in der Grotte wurden die Schweine gehalten.

›*Trink dieses Wasser*‹, sagte die Frau.

Das Wasser ist so schmutzig, daß Bernadette etwas davon schöpft und es dreimal wieder weggießt. Sie wagt nicht, es zum Munde zu führen. Doch schließlich, obwohl sie sich davor ekelt, gehorcht sie. An der Stelle, an der sie ein Loch gegraben hat, beginnt Wasser zu sprudeln. Ein auf einem Auge blinder Mann benetzt sein Gesicht mit ein paar Tropfen und wird wieder sehend. Eine Frau, die verzweifelt war, weil ihr neugeborener Sohn im Sterben lag, tauchte das Kind an einem Frosttag in die Quelle. Das Kind wurde geheilt.

Die Nachricht verbreitet sich allmählich, und Tausende kommen zu diesem Ort. Das Mädchen bittet die Frau jedesmal, ihm ihren Namen zu nennen, doch diese lächelt nur. Eines Tages aber wendet sich ›Jenes Wesen‹ an Bernadette und sagt:

›Ich bin die Heilige Jungfrau der Unbefleckten Empfängnis.‹

Glücklich läuft das Mädchen zum Dorfpfarrer und berichtet ihm davon.

›Das ist unmöglich‹, sagte er. ›Niemand kann gleichzeitig der Baum und die Frucht sein, mein Kind. Du solltest sie besser mit Weihwasser besprengen.‹

Für den Pfarrer gibt es prinzipiell nur Gott, und Gott ist – darauf weist alles hin – männlich.«

Er macht eine lange Pause.

»Bernadette besprengt ›Jenes Wesen‹ mit Weihwasser. Die Erscheinung lächelt nur zärtlich.

Am 16. Juli erscheint die Frauengestalt zum letzten Mal. Kurz darauf tritt Bernadette in ein Kloster ein, ohne zu wissen, daß sie dieses kleine Dorf bei der Grotte vollkommen verändert hat. Die Quelle sprudelt weiter, und es geschehen dort immer noch Wunder.

Diese Geschichte macht zuerst in Frankreich die Runde, dann wird sie auf der ganzen Welt bekannt. Die Stadt wächst und verändert sich. Händler kommen und lassen sich dort nieder. Hotels werden eröffnet. Bernadette stirbt, ohne zu erfahren, was dort vor sich geht, und wird fern von ihrem Heimatort begraben.

Leute, die der Kirche schaden wollen, obwohl der Vatikan die Erscheinungen inzwischen anerkannt hat, erfinden Wunderheilungen, die sich später als Fälschungen erweisen. Die Kirche reagiert scharf: Von einem bestimmten Augenblick an erkennt sie nur die Phänomene als Wunder an, die einer Reihe strenger Untersuchungen seitens medizinischer und wissenschaftlicher Gremien standhalten.

Aber die Quelle sprudelt weiter, und immer wieder werden Menschen geheilt.«

Ein Geräusch ganz in unserer Nähe läßt mich aufhorchen. Ich fürchte mich, doch er reagiert nicht. Der Nebel ist jetzt lebendig und voller Geschichte. Ich denke über alles nach, was er gesagt hat, und über die Frage, deren Antwort ich nicht verstanden habe: Woher weiß er das alles?

Ich denke an das weibliche Antlitz Gottes. Der Mann neben mir steckt voll innerer Konflikte. Erst vor kurzem noch hat er mir geschrieben, daß er in ein katholisches Priesterseminar eintreten wolle. Dennoch glaubt er, daß Gottes Antlitz weiblich ist.

Er schweigt. Ich fühle mich immer noch, als befände ich mich im Leib der Mutter Erde, außerhalb von Zeit und Raum. Bernadettes Geschichte entrollt sich gleichsam vor meinen Augen in dem uns umgebenden Nebel.

Doch dann spricht er wieder: »Zwei wichtige Dinge wußte Bernadette allerdings nicht«, sagt er. »Erstens, daß diese Berge, bevor die christliche Religion hierhergelangte, von Kelten bewohnt wurden. Und deren höchste Gottheit war die Muttergottheit. Generationen über Generationen wußten um das weibliche Antlitz Gottes und hatten teil an Ihrer Liebe und Ihrer Glorie.«

»Und zweitens?«

»Zweitens traten heimlich, kurz bevor Bernadette ihre Visionen hatte, die höchsten Würdenträger des Vatikans zusammen. Wenige nur wußten, was während dieser Versammlungen geschah. Der Dorfpfarrer von Lourdes hatte gewiß nicht die geringste Ahnung davon. Die Würdenträger entschieden über das Dogma der Unbefleckten Empfängnis Mariä. Verkündet wurde diese Entscheidung durch die päpstliche Bulle Ineffabilis Deus. Doch wurde die Öffentlichkeit nicht genau darüber aufgeklärt, was dies bedeutete.«

»Und was hat das alles mit dir zu tun?« frage ich.

»Ich bin Ihr Schüler. Ich habe es durch Sie erfahren«, sagt er, ohne daß ihm bewußt wird, daß er damit die Quelle seines Wissens preisgibt.

»Du siehst Sie?«

»Ja.«

Wir kehren zum Platz zurück und gehen die wenigen Meter hinüber zur Kirche. Ich sehe den Brunnen, das Licht der Laterne und die Flasche Wein und die zwei Gläser auf dem Brunnenrand stehen. ›Es sieht aus, als hätten dort zwei Liebende gesessen‹, denke ich. ›Schweigend, während ihre Herzen zueinander sprachen. Und dann sagten die Herzen einander alles, begannen an den großen Mysterien teilzuhaben.‹

Über die Liebe haben wir nicht wieder gesprochen. Doch das ist unwichtig. Ich fühle, daß ich auf etwas sehr Bedeutsames gestoßen bin und die Gelegenheit nutzen muß, soviel wie möglich darüber zu erfahren. Mir geht kurz mein Studium in Saragossa durch den Kopf, der Mann meines Lebens, den ich zu finden beabsichtige – doch all dies ist jetzt in weite Ferne gerückt, vom selben Nebel eingehüllt, der sich über Saint-Savin gebreitet hat.

»Warum hast du mir die Geschichte der Bernadette erzählt?« frage ich.

»Warum, weiß ich nicht genau«, antwortet er, ohne mir in die Augen zu sehen. »Vielleicht weil wir hier nicht weit von Lourdes sind. Vielleicht weil morgen der Tag der Unbefleckten Empfängnis Mariä ist. Vielleicht weil ich dir zeigen wollte, daß meine Welt nicht so einsam und verrückt ist, wie es scheinen mag.«

›Andere Menschen denken wie er. Und glauben, was er sagt.‹

»Ich habe nie behauptet, daß deine Welt verrückt ist. Verrückt ist wahrscheinlich meine Welt: Ich vertue die wichtigste Zeit meines Lebens hinter Heften und Büchern, aber letztlich trete ich auf der Stelle.«

Ich spürte, daß er erleichtert war: Ich hatte ihn verstanden.

Ich wartete darauf, daß er weiter von der Göttin sprechen würde, doch er wandte sich zu mir: »Laß uns schlafen gehen«, sagte er, »wir haben viel getrunken.«

Dienstag, 7. Dezember 1993

Er schlief sofort ein. Ich lag noch eine Weile wach, dachte an den Nebel, den Platz dort draußen, an den Wein und an das Gespräch. Ich las das Manuskript, das er mir gegeben hatte, und fühlte mich glücklich; Gott war – so es ihn wirklich gab – Vater und Mutter.

Dann löschte ich das Licht und dachte daran, wie wir am Brunnen geschwiegen hatten. In jenen Augenblicken, in denen wir nichts sagten, hatte ich begriffen, wie nah ich ihm war. Keiner von uns hatte ein Wort gesagt. Man braucht nicht über die Liebe zu reden, denn die Liebe hat ihre eigene Stimme, sie spricht für sich selbst. In jener Nacht beim Brunnen hatte die Stille erlaubt, daß unsere Herzen sich einander näherten und sich besser kennenlernten. Da hatte mein Herz gehört, was sein Herz sagte, und war glücklich gewesen.

Bevor ich die Augen schloß, machte ich jedoch noch die Übung, die er ›der oder die Andere sein‹ nannte.

›Ich befinde mich hier in diesem Zimmer‹, dachte ich, ›fern von allem, was ich gewohnt bin, rede über Dinge, für die ich mich nie interessiert habe, und schlafe in einer Stadt, in der ich noch nie gewesen bin. Ich kann – nur für ein paar Minuten – so tun, als wäre ich jemand anderes.‹

Ich begann mir vorzustellen, wie ich jenen Augenblick auch erleben könnte. Ich würde fröhlich, neugierig, glücklich sein. Jeden Moment intensiv erleben, durstig das Wasser des Lebens trinken. Wieder Vertrauen in meine Träume haben. Fähig sein, für das zu kämpfen, was ich wollte.

Einen Mann lieben, der mich liebte.

Ja, so war die Frau, die ich gern wäre – und die unvermittelt da war und sich in mich verwandelte.

Ich spürte, wie meine Seele vom Licht Gottes erfüllt wurde, an den ich nicht mehr glaubte – oder dem Licht einer Göttin? Ich spürte in jenem Augenblick, daß die Andere meinen Körper verließ und sich in eine Ecke des kleinen Zimmers kauerte.

Ich sah die Frau an, die ich bislang gewesen war: schwach, aber vorspiegelnd, sie sei stark. Sie hatte vor allem und jedem Angst, verkaufte diese Angst aber als die Klugheit dessen, der die Wirklichkeit kennt. Vermauerte die Fenster, durch die die Sonne hereinscheinen und ihre alten Möbel ausbleichen könnte.

Ich sah die Andere in der Ecke des Zimmers hokken: zerbrechlich, müde, enttäuscht. Die das in Ketten legte und versklavte, was eigentlich immer frei sein sollte: die Gefühle. Die eine zukünftige Liebe mit dem Maßstab vergangenen Leidens maß.

Die Liebe ist immer neu. Gleichgültig, ob wir einmal, zweimal oder zehnmal im Leben lieben – jedesmal sehen wir uns vor eine Situation gestellt, die wir nicht kennen. Die Liebe kann uns in die Hölle führen oder ins Paradies, doch sie führt uns immer irgendwohin. Man muß sie annehmen, weil sie die Nahrung unseres Lebens ist. Verweigern wir uns, so sterben wir Hungers, während wir auf die von Früchten schweren Äste des Lebensbaumes blicken, jedoch den Mut nicht aufbringen, diese Früchte zu pflücken. Man muß die Liebe suchen, wo auch immer sie sich befindet, selbst wenn dies bedeutet, daß wir Stunden, Tage, Wochen voller Enttäuschung und Traurigkeit durchleben müssen.

Denn in dem Augenblick, wo wir uns auf die Suche nach der Liebe machen, macht auch sie sich auf, uns zu finden.

Und rettet uns.

Als sich die Andere von mir entfernte, begann

mein Herz wieder zu mir zu sprechen. Erzählte mir von dem Spalt in der Mauer des Stausees, durch den Wasser strömte, von überallher wehte der Wind, und mein Herz war freudig, weil ich ihm wieder zuhörte.

Mein Herz sagte mir, daß ich verliebt war. Und ich schlief mit einem Lächeln auf den Lippen glücklich ein.

Als ich erwachte, stand das Fenster offen, und er blickte hinaus auf die Berge. Eine Weile sagte ich nichts, würde die Augen wieder geschlossen haben, wenn er sich umgedreht hätte.

Er wandte sich um, als hätte er meine Gedanken gelesen, und sah mir in die Augen.

»Guten Tag«, sagte er.

»Guten Tag. Mach das Fenster zu, es wird kalt hier drinnen.«

Die Andere war ohne Vorankündigung wieder da. Sie wollte wieder die Windrichtung ändern, Mängel finden, ›Nein, es ist unmöglich‹ sagen. Dabei mußte sie wissen, daß es dafür zu spät war.

»Ich muß mich anziehen«, sagte ich.

»Ich warte unten auf dich«, antwortete er.

Und dann stand ich auf, verscheuchte die Andere aus meinen Gedanken, öffnete das Fenster wieder und ließ die Sonne herein. Die Sonne überströmte alles, die schneebedeckten Berge, den mit Herbstlaub bedeckten Boden, den Fluß, den ich nicht sah, aber hörte.

Die Sonne fiel auf meine Brüste, meinen nackten Körper, und ich spürte die Kälte nicht, denn ich war von Wärme erfüllt, der Wärme eines Funkens, der zu einer Flamme wird, einer Flamme, die zu einem Feuer wird, einem Feuer, das nicht mehr zu bezähmen war. Ich wußte es.

Ich wollte es.

Ich wußte, daß ich von diesem Augenblick an Himmel und Hölle kennenlernen würde, Freude und Schmerz, Traum und Hoffnungslosigkeit, und daß ich die Stürme nicht mehr bändigen konnte, die in den verborgenen Winkeln der Seele tobten. Ich wußte, daß mich von diesem Augenblick an die Liebe leitete – obwohl sie schon seit meiner Kindheit dagewesen war, seit ich ihn zum ersten Mal gesehen hatte. Denn vergessen hatte ich ihn nie, auch wenn ich mich für unwürdig gehalten hatte, um ihn zu kämpfen. Es war eine schwierige Liebe mit Grenzen, die ich nicht überschreiten wollte.

Ich erinnerte mich an den Platz in Soria, an den Augenblick, in dem ich ihn bat, die Medaille zu suchen, die ich verloren hatte. Ich wußte – ja, ich wußte wohl, was er mir sagen wollte, und wollte es nicht hören, weil er einer von diesen Jungen war, die eines Tages auf der Suche nach Geld, Abenteuern oder Träumen fortgehen. Was ich wollte, war eine erfüllbare Liebe, mein Herz und mein Körper waren noch jungfräulich, und irgendwann würde mich ein verzauberter Prinz finden.

Damals verstand ich kaum etwas von der Liebe. Als ich ihn beim Vortrag sah und die Einladung annahm, hielt ich mich für eine reife Frau, die fähig war, das Herz des Mädchens im Griff zu haben, das so sehr darum gekämpft hatte, ihren verzauberten Prinzen zu finden. Dann hatte er vom Kind in uns gesprochen, und ich hatte wieder die Stimme des Mädchens vernommen, das ich einmal war, der Prinzessin, die Angst hatte vor Liebe und Verlust.

Vier Tage lang hatte ich nicht auf die Stimme meines Herzens gehört, doch sie war immer lauter geworden, was die Andere in Verzweiflung gestürzt hatte. Im verborgensten Winkel meiner Seele gab es mich immer noch, und ich glaubte an die Träume. Bevor die Andere noch etwas sagen konnte, sagte ich ja zur Reise, sagte ich ja zum Risiko.

Und das war der Grund – dieser kleine Rest von mir –, daß die Liebe mich wiederfand, nachdem sie mich überall auf der Welt gesucht hatte. Trotz der von der Anderen in einer ruhigen Straße in Saragossa aufgebauten Mauer aus Vorurteilen, Gewißheiten und Lehrbüchern hatte die Liebe mich wiedergefunden.

Ich hatte das Fenster und meine Seele geöffnet. Das Sonnenlicht war ins Zimmer geströmt und die Liebe in meine Seele.

Wir wanderten stundenlang mit leerem Magen, wir gingen auf der Straße und durch den Schnee, frühstückten dann in einer kleinen Stadt, deren Namen ich mir nicht merkte, doch auch sie besitzt einen Brunnen mit einer Skulptur, die Schlange und Taube ineinander verschlungen darstellt, als wären sie ein einziges Tier.

Er lächelte.

»Das ist ein Zeichen. Das Männliche und das Weibliche in einer einzigen Figur vereint.«

»Auf das, was du gestern über Gottes männliche

und weibliche Seite gesagt hast, wäre ich nie gekommen«, meinte ich. »Aber es leuchtet ein.«

»Gott erschuf den Menschen zu seinem Bilde«, sagte er, die Genesis zitierend. »Zum Bilde Gottes schuf er ihn; und schuf sie als Mann und Weib.«

Seine Augen strahlten. Er war glücklich und lachte über nichts und wieder nichts. Er sprach Leute an, die uns unterwegs begegneten – Bauern in grauen Kleidern, die aufs Feld gingen, Bergsteiger in bunten Kleidern, die sich aufmachten, irgendeinen Gipfel zu besteigen.

Ich schwieg, denn mein Französisch war schauderhaft; doch meine Seele freute sich, ihn so zu erleben.

Sein Glück war so groß, daß alle, die mit ihm sprachen, lächelten. Vielleicht hatte ihm sein Herz etwas gesagt, und er wußte jetzt, daß ich ihn liebte – obwohl ich mich weiterhin wie eine alte Freundin aus der Kindheit benahm.

»Du wirkst fröhlicher«, sagte ich irgendwann zu ihm.

»Weil ich immer davon geträumt habe, einmal mit dir hier zu sein, durch die Berge zu wandern, die von der Sonne vergoldeten Früchte zu pflükken.«

»Die von der Sonne vergoldeten Früchte.« Diesen Vers hatte jemand vor langer Zeit geschrieben, und jetzt wiederholte er ihn – im richtigen Augenblick.

»Es gibt noch einen Grund für deine Fröhlichkeit«, meinte ich auf dem Rückweg von der kleinen Stadt mit dem merkwürdigen Brunnen.

»Welchen?«

»Du weißt, daß ich fröhlich bin. Dir habe ich zu verdanken, daß ich heute hier bin, fern von meinen Heften und Büchern, und wirkliche Berge besteige. Du machst mich glücklich. Und Glücklichsein vervielfältigt sich, wenn man es teilt.«

»Hast du die Übung, eine Andere zu sein, gemacht?«

»Ja, woher weißt du das?«

»Weil auch du dich verändert hast. Und weil wir diese Übung immer im rechten Augenblick lernen.«

Die Andere verfolgte mich den ganzen Morgen lang. Sie versuchte, sich mir aufs neue zu nähern. Dennoch wurde ihre Stimme von Minute zu Minute leiser, ihr Bild begann sich allmählich aufzulösen. Ich erinnerte mich an das Ende von Vampirfilmen, wo das Ungeheuer zu Staub zerfällt.

Wir kamen an einer anderen Säule mit einer Mariengestalt vorbei.

»Woran denkst du?« fragte er.

»An Vampire. An die Wesen der Nacht, die in sich selbst eingeschlossen sind und verzweifelt nach Gesellschaft suchen. Doch unfähig sind zu lieben.«

»Daher besagt die Legende, daß nur ein ins Herz gestoßener Pflock sie töten kann. Dringt er ein, erwacht das Herz, setzt die Energie der Liebe frei und zerstört das Böse.«

»So habe ich das nie gesehen. Aber es leuchtet mir ein.«

Mir war es gelungen, diesen Pflock hineinzustoßen. Das vom Fluch befreite Herz war nun am Zuge. Für die Andere gab es jetzt keinen Platz mehr.

Tausendmal fühlte ich in mir den Wunsch, seine Hand zu ergreifen, und tausendmal bezwang ich mich, tat ich es nicht. Ich war verwirrt – wollte ihm sagen, daß ich ihn liebte, und wußte nicht, wie anfangen.

Wir redeten über die Berge und über die Flüsse. Wir verliefen uns fast eine Stunde lang im Wald, fanden dann aber den Pfad wieder. Als die Sonne sich zum Horizont zu neigen begann, beschlossen wir, nach Saint-Savin zurückzukehren.

Unsere Schritte hallten zwischen den Steinwänden wider. Ich führte, ohne nachzudenken, die Hand zum Weihwasserbecken und bekreuzigte mich. Ich erinnerte mich an das, was er zu mir gesagt hatte – das Wasser ist das Symbol der Göttin.

»Laß uns hineingehen«, sagte er.

Wir gingen durch die leere dunkle Kirche, in der unter dem Hauptaltar ein Heiliger begraben lag: der heilige Savinus, ein Eremit, der zu Anfang des ersten Jahrtausends gelebt hatte. Die Wände dieser Kirche waren mehrfach eingerissen und wiederaufgebaut worden.

Es gibt solche Orte – Kriege, Verfolgung und Gleichgültigkeit können sie zerstören. Doch sie bleiben immer heilig. Und dann kommt jemand dorthin, fühlt, daß etwas fehlt, und baut sie wieder auf.

Ein Kruzifix fiel mir ins Auge und löste ein merkwürdiges Gefühl in mir aus: Mir war, als hätte der Christuskopf sich bewegt und mir nachgeblickt.

»Halt mal.«

Vor uns befand sich ein Altar der Heiligen Jungfrau.

»Schau dir das Standbild an.«

Maria trug ihren Sohn auf dem Arm. Das Jesuskind wies mit dem Zeigefinger in die Höhe.

»Sieh genau hin«, beharrte er.

Ich versuchte mir jede Einzelheit der Skulptur einzuprägen: die Vergoldung, den Sockel, den vollkommenen Faltenwurf des Gewandes. Als ich beim Zeigefinger des Jesuskindes anlangte, verstand ich, was der Künstler ausdrücken wollte.

Denn Maria hielt zwar das Kind im Arm, doch sie wurde von Jesus getragen. Sein zum Himmel weisender Arm schien die Heilige Jungfrau emporzuheben. Hinauf zur Wohnstätte ihres Bräutigams.

»Der Künstler, der dies vor mehr als sechshundert Jahren geschaffen hat, wußte genau, was er ausdrücken wollte«, merkte er an.

Schritte erklangen auf dem Holzboden. Eine Frau kam herein und zündete vor dem Hauptaltar eine Kerze an.

Wir schwiegen eine Weile, um ihrem stillen Gebet unseren Respekt zu zollen.

›Die Liebe kommt niemals stückweise‹, dachte ich, während ich in die Betrachtung der Heiligen Jungfrau versunken war. Am Tag zuvor war die Welt ohne ihn noch lebenswert. Jetzt brauchte ich ihn an meiner Seite, um den wahren Glanz der Dinge zu erkennen.

Als die Frau hinausgegangen war, redete er weiter: »Der Künstler kannte die Große Mutter, die Göttin, das barmherzige Antlitz Gottes. Du hast mich etwas gefragt, was ich noch nicht richtig beantworten konnte. Du hast mich gefragt: ›Wo hast du dies alles gelernt?‹«

Ja, das hatte ich gefragt, und er hatte mir eine Antwort gegeben. Doch ich schwieg.

»Ich habe es durch diesen Künstler gelernt«, fuhr er fort. »Ich habe die vom Himmel kommende Liebe angenommen. Ich ließ mich führen. Du wirst dich an den Brief erinnern, in dem ich davon sprach, daß ich ins Kloster eintreten wollte. Ich habe es dir nie gesagt, aber ich bin tatsächlich eingetreten.«

Ich erinnerte mich sofort an das Gespräch vor dem Vortrag. Mein Herz begann schneller zu schlagen, und ich versuchte, mich mit dem Blick an der Jungfrau festzuhalten. Sie lächelte.

›Das darf nicht sein‹, dachte ich. ›Er ist ins Kloster eingetreten, doch dann hat er es wieder verlassen. Bitte sag mir, daß er das Seminar verlassen hat.‹

»Ich hatte meine Jugend intensiv ausgelebt«, fuhr er fort, ohne sich diesmal darum zu kümmern, was ich denken mochte. »Hatte andere Völker und andere Länder kennengelernt. Hatte Gott bereits überall auf der Welt gesucht. Hatte mich bereits in andere Frauen verliebt und in den unterschiedlichsten Berufen für viele Männer gearbeitet.«

Mein Herz zog sich abermals zusammen. ›Ich muß achtgeben, daß die Andere nicht wieder zurückkommt‹, sagte ich mir und hatte den Blick noch immer fest auf das Lächeln der Heiligen Jungfrau gerichtet.

»Das Mysterium des Lebens faszinierte mich, ich wollte es besser kennenlernen. Viele Jahre lang war ich auf der Suche nach den Antworten überall dort hingegangen, wo ich die Hüter der Weisheiten vermutete. Ich war in Indien, in Ägypten. Ich habe Meister der Magie und der Meditation kennengelernt. Habe das Leben von Alchimisten und Priestern geteilt. Und entdeckte, was ich entdecken mußte: daß die Wahrheit immer dort ist, wo auch der Glaube ist.«

Die Wahrheit ist dort, wo der Glaube ist. Ich sah mich noch einmal in der Kirche um: die abgewetzten Steine, die so viele Male eingerissen und wieder an ihren Platz gesetzt worden waren. Was ließ den Menschen so beharrlich daran arbeiten, diese kleine Kirche an einem so abgelegenen Ort hoch oben in den Bergen immer wieder aufzubauen?

Der Glaube.

»Die Buddhisten hatten recht, die Hindus hatten

recht, die Indianer hatten recht, die Moslems hatten recht, die Juden hatten recht. Geht der Mensch ehrlich den Weg des Glaubens, dann wird es ihm gelingen, sich mit Gott zu vereinigen und Wunder zu tun. Doch dieses Wissen allein reicht nicht: Man muß eine Wahl treffen. Ich habe die katholische Kirche gewählt, weil ich mit ihren Mysterien groß geworden bin. Wäre ich als Jude geboren, hätte ich die jüdische Religion gewählt. Gott ist derselbe, auch wenn er tausend Namen hat. Doch man muß einen Namen wählen, um zu ihm beten zu können.«

Wieder Schritte in der Kirche.

Ein Mann näherte sich und sah uns an. Dann ging er zum Hauptaltar und nahm zwei Leuchter herunter. Es war wohl jemand, der in der Kirche nach dem Rechten sah, vielleicht der Küster.

Ich dachte an den Wärter in der anderen Kapelle, der uns nicht hineinlassen wollte. Doch der Mann hier sagte nichts.

»Heute abend muß ich mich mit jemandem treffen«, sagte er, sobald der Mann hinausgegangen war.

»Bitte erzähl weiter, und wechsle nicht immer das Thema.«

»Ich bin in ein Priesterseminar hier in der Nähe eingetreten. Vier Jahre habe ich alles Wissen, was sich mir bot, in mir aufgesogen. Damals begegnete ich das erste Mal den Erleuchteten, den Charismatikern, vielen anderen Strömungen, die versuchten, lange verschlossene Türen wieder zu öffnen. Ich entdeckte, daß Gott nicht dieser Rächer war, vor dem ich als Kind immer Angst hatte. Daß es Ansätze für eine Rückbesinnung auf die ursprüngliche Unschuld des Christentums gab.«

»Du meinst also, man hätte nach zweitausend Jahren endlich begriffen, daß Jesus in die Kirche aufgenommen werden sollte«, bemerkte ich ironisch.

»Du sagst das spöttisch, doch genau darum geht es. Ich begann es bei einem der Klostervorsteher zu lernen. Er hat mich gelehrt, darin einzuwilligen, das Feuer der Erleuchtung, den Heiligen Geist, zu empfangen.«

Bei seinen Worten zog sich mein Herz zusammen. Die Heilige Jungfrau lächelte weiterhin, und das Jesuskind hatte einen fröhlichen Gesichtsausdruck. Auch ich hatte an all das einmal geglaubt. Doch mit der Zeit, dem Älterwerden und weil ich mich als logisch denkende, wirklichkeitsbezogene Person sah, distanzierte ich mich immer mehr von der Religion. Ich sehnte mich zwar nach diesem kindlichen Glauben, der mich so viele Jahre lang begleitet und mich an Engel und Wunder hatte glauben lassen. Doch der Wille allein genügte nicht, ihn wiederzuerlangen.

»Der Vorsteher sagte zu mir, *wenn ich glaubte, was ich wüßte*, dann würde ich am Ende wissend sein«, fuhr er fort. »Ich begann Selbstgespräche zu führen, wenn ich allein in meiner Zelle war. Ich betete darum, der Heilige Geist möge sich mir zeigen und mich alles lehren, was ich brauchte. Ganz allmählich entdeckte ich, daß während meiner Selbstgespräche eine weisere Stimme zu mir sprach.«

»Das ist auch bei mir so«, unterbrach ich ihn.

Er wartete darauf, daß ich fortfuhr. Doch ich konnte nichts mehr herausbringen.

»Ich höre«, sagte er.

Etwas hatte meine Zunge gelähmt. Er fand schöne Worte für das, was er sagen wollte, ich konnte mich nicht so gut ausdrücken.

»Die Andere will wieder zurück«, sagte er, als erriete er meine Gedanken. »Die Andere hat Angst, Unsinn zu reden.«

»Ja«, antwortete ich und bemühte mich, meine Angst zu bezwingen. »Manchmal, wenn ich mit jemandem rede und mich die Begeisterung mitreißt, sage ich plötzlich Dinge, die ich nie zuvor gedacht habe. Es ist so, als spräche aus mir eine höhere Intelligenz, die nicht meine ist und die das Leben viel besser begreift als ich. Doch das kommt selten vor. Meist halte ich mich bei Diskussionen im Hintergrund, meine, ich lerne was dazu, doch am Ende vergesse ich alles wieder.«

»Wir sind für uns selbst die größte Überraschung«, sagte er. »Wäre unser Glaube nur so groß wie ein Senfkorn, so könnten wir diese Berge dort versetzen. Das habe ich gelernt. Und heute wundere ich mich über meine eigenen Worte. Die Apostel waren Sünder, Analphabeten, Unwissende. Doch sie nahmen die Flamme in sich auf, die vom Himmel kam. Sie schämten sich ihrer eigenen Unwissenheit nicht: sie glaubten an den Heiligen Geist, der sich dem schenkt, der ihn annehmen will. Man muß nur glauben, annehmen und keine Angst haben, einen Fehler zu machen.«

Die Heilige Jungfrau vor mir lächelte. Sie hatte nur allzu viele Gründe gehabt, um zu weinen. Und dennoch lächelte sie.

»Erzähl weiter«, sagte ich.

»Allein darauf kommt es an«, antwortete er. »Die Gabe annehmen. Dann offenbart sie sich.«

»So einfach geht das aber nicht.«

»Verstehst du nicht, was ich meine?«

»Doch. Aber ich bin wie alle anderen: Ich habe

Angst, und dann denke ich, bei dir mag das funktionieren, auch bei jemand anderem, doch bei mir nicht.«

»Das wird sich eines Tages ändern. Wenn du begreifst, daß wir alle wie dieses Kind hier vor uns sind, das uns ansieht.«

»Doch bis dahin werden wir alle meinen, daß wir dem Licht zwar nahe sind, unsere eigene Flamme aber nicht entzünden können.«

Darauf entgegnete er nichts.

»Du hast mir die Geschichte vom Priesterseminar nicht zu Ende erzählt«, sagte ich nach einer Weile.

»Ich bin immer noch im Priesterseminar.«

Und noch bevor ich darauf reagieren konnte, erhob er sich und trat in den Gang zwischen den Bänken.

Ich rührte mich nicht. In meinem Kopf drehte sich alles, ich verstand nichts mehr.

Im Priesterseminar!

Es war besser, nicht weiter darüber nachzudenken. Der Staudamm war gebrochen, die Liebe überschwemmte meine Seele, und ich konnte sie nicht mehr eindämmen. Einen Ausweg gab es noch: die Andere, die hart war, weil sie schwach war, die kalt war, weil sie Angst hatte. Doch ich wollte sie nicht mehr. Ich konnte das Leben nicht mehr mit ihren Augen sehen.

Ein Ton unterbrach meine Gedanken. Ein hoher, langanhaltender Ton wie aus einer riesigen Flöte. Mein Herz tat einen Sprung.

Dann noch ein Ton und noch einer. Ich wandte mich um. Eine Holztreppe führte nach oben zu einer grobgezimmerten Empore, die gar nicht zu der eisigen Schönheit des Steins passen wollte, und zu einer alten Orgel.

Und da war er. Sein Gesicht konnte ich nicht erkennen, denn es war dunkel dort oben. Doch ich wußte, daß er es war.

Ich wollte aufstehen, doch er gebot mir sitzenzubleiben.

»Pilar«, sagte er sehr bewegt. »Bleib, wo du bist.« Ich gehorchte.

»Möge mich die Große Mutter erleuchten«, fuhr er fort. »Möge diese Musik mein heutiges Gebet sein.«

Und er begann das *Ave Maria* zu spielen. Es mochte etwa sechs Uhr nachmittags sein, die Stunde des Angelus, die Stunde, in der Licht und Dunkelheit ineinander übergehen. Der Klang der Orgel hallte in der leeren Kirche, drang in die von Geschichte und Glauben durchtränkten Steine und Figuren. Ich schloß die Augen und ließ die Musik auch in mich eindringen, damit sie meine Seele von Ängsten und von Schuld reinwusch, mich nicht vergessen ließ, daß ich besser war, als ich dachte, stärker, als ich glaubte.

Plötzlich mußte ich einfach beten. Seit mir der Glaube abhanden gekommen war, überkam es mich zum ersten Mal. Ich saß zwar dort auf der Bank, doch in Wahrheit kniete meine Seele vor dieser Frau vor mir, der Frau, die ja gesagt hatte, als sie hätte nein sagen und es dem Engel überlassen können, statt ihrer eine andere zu finden, und es wäre keine Sünde vor dem Herrn gewesen, denn Gott kennt die Schwächen seiner Kinder. Doch sie hat

Dein Wille geschehe

gesagt, obwohl sie spürte, daß sie mit den Worten des Engels allen Schmerz und alles Leiden ihres Schicksals empfing. Und mit den Augen ihres Herzens konnte sie sehen, wie ihr geliebter Sohn dereinst das Haus verließ, die Menschen, die ihm folgten und ihn später verleugneten, doch sie hatte

Dein Wille geschehe

gesagt, obwohl sie ihr Kind bei den Tieren im Stall zur Welt bringen mußte, weil die Heilige Schrift es so wollte.

Dein Wille geschehe,
obwohl sie ihren Sohn voller Angst in den Straßen suchen und ihn dann im Tempel finden würde. Und er sie bitten würde, ihn nicht zu stören, da er andere Pflichten und Aufgaben zu erfüllen habe.

Dein Wille geschehe,
obwohl sie wußte, daß sie ihn ein ganzes Leben lang suchen würde, das Herz vom Dolch des Schmerzes durchbohrt, jeden Augenblick um sein Leben fürchtend, wissend, daß er verfolgt und bedroht sein würde.

Dein Wille geschehe,
obwohl sie wegen der Menge nicht zu ihm gelangen könnte.

Dein Wille geschehe,
obwohl ihr Sohn, wenn sie jemanden bitten würde, ihm zu sagen, daß sie da sei, ihr ausrichten ließe, ›meine Mutter und meine Brüder sind die, die bei mir sind‹.

Dein Wille geschehe,
obwohl, wenn am Ende alle geflohen wären, nur sie, eine andere Frau und einer von ihnen am Fuße des Kreuzes ausharren würden und das Gelächter der Feinde und die Feigheit der Freunde ertragen.

Dein Wille geschehe.

Dein Wille geschehe, Herr. Denn Du kennst die Schwäche der Herzen Deiner Kinder und erlegst einem jeden nur die Bürde auf, die es tragen kann. Denn Du verstehst meine Liebe, die das einzige ist, was ganz mein ist, das einzige, was ich in das andere Leben mitnehmen kann. Mach, daß sie trotz' der Abgründe und der Fallstricke, die die Welt bereithält, mutig und rein ist, auf daß sie weiterlebe.

Die Orgel schwieg, die Sonne verbarg sich hinter den Bergen, als würden beide von derselben Hand befehligt. Sein Gebet wurde erhört, die Musik war sein Gebet gewesen. Ich öffnete die Augen, und die Kirche lag nun in vollkommener Dunkelheit, bis auf eine einsame Kerze, die das Bildnis der Heiligen Jungfrau beleuchtete.

Ich hörte wieder seine Schritte, die zu mir zurückkehrten. Der Schein dieser einzigen Kerze beleuchtete meine Tränen und mein Lächeln, das, wenn es auch nicht so schön war wie das der Heiligen Jungfrau, zeigte, daß mein Herz lebendig war.

Wir sahen einander an. Meine Hand suchte seine und fand sie. Ich spürte, daß sein Herz jetzt schneller schlug, ich konnte es beinahe hören, weil wir beide wieder schwiegen.

Meine Seele aber war ruhig und mein Herz voller Frieden.

Ich hielt ihn bei der Hand, und er schloß mich in seine Arme. Eng umschlungen standen wir zu Füßen der Heiligen Jungfrau, wie lange, weiß ich nicht, die Zeit war stehengeblieben. Sie blickte auf uns nieder. Die junge Bäuerin, die ja zu ihrem Schicksal gesagt hatte. Die Frau, die zugestimmt hatte, den Sohn Gottes in ihrem Leib und die Liebe der Göttin in ihrem Herzen zu tragen. Sie konnte verstehen.

Ich wollte nichts fragen. Allein die Augenblicke in der Kirche an jenem Nachmittag rechtfertigten diese Reise. Die vier Tage mit ihm reichten, um dem ganzen Jahr einen Sinn zu geben, in dem sonst nichts Besonderes geschehen war.

Daher wollte ich nichts fragen. Wir traten Hand in Hand aus der Kirche und gingen in unser Zimmer zurück. In meinem Kopf drehte sich alles – das Priesterseminar, die Große Mutter, das Treffen, zu dem er heute nacht gehen würde.

Da wurde mir klar, daß ich ebenso wie er meine Seele an dasselbe Schicksal binden wollte. Doch es gab das Priesterseminar in Frankreich, es gab Saragossa. Mein Herz krampfte sich zusammen. Ich blickte auf die mittelalterlichen Häuser, den Brunnen von der vorherigen Nacht. Ich erinnerte mich an die Stille und den traurigen Ausdruck der anderen Frau, die ich einmal gewesen war.

›Gott, ich versuche meinen Glauben wiederzufinden. Laß mich nicht allein‹, betete ich, um die Angst zu verscheuchen.

Er schlief ein wenig, und ich lag wieder wach, blickte auf das sich gegen die Dunkelheit abzeichnende Fenster. Irgendwann standen wir auf, aßen mit der Familie, die bei Tisch nie redete, zu Abend, und er bat um den Haustürschlüssel.

»Heute wird's spät«, sagte er zur Frau.

»Junge Leute müssen sich amüsieren«, antwortete sie.

»Genießt ja die Feiertage.«

»Ich muß dich etwas fragen«, sagte ich, kaum daß wir im Wagen saßen. »Ich versuche es nicht zu tun, doch es gelingt mir nicht.«

»Das Seminar«, sagte er.

»Ja, genau. Ich verstehe das nicht.«

›Obwohl es nicht mehr wichtig ist, überhaupt noch etwas zu verstehen‹, dachte ich.

»Ich habe dich immer geliebt«, begann er. »Ich habe andere Frauen gehabt, doch ich liebte nur dich. Ich trug die Medaille bei mir, dachte, ich würde sie dir eines Tages wiedergeben, wenn ich den Mut hätte, dir zu sagen: ›Ich liebe dich.‹ Alle Wege führten mich immer wieder zu dir. Ich schrieb dir und öffnete beklommen deine Briefe, weil in einem von ihnen stehen konnte, daß du einen Mann gefunden hast. Damals vernahm ich dann den Ruf zum spirituellen Leben. Oder besser gesagt, ich folgte diesem Ruf, der mich genau wie du seit meiner Kindheit begleitete. Ich fand heraus, daß Gott in meinem Leben zu wichtig war, daß ich nicht glücklich sein würde, wenn ich meiner Berufung nicht folgen würde. Christus blickte mich in jedem Armen an, dem ich auf meinen Reisen durch die Welt begegnet bin, und ich konnte darüber nicht hinwegsehen.«

Er schwieg, und ich beschloß, nicht in ihn zu dringen.

Zwanzig Minuten später hielt er den Wagen an, und wir stiegen aus.

»Wir sind in Lourdes«, sagte er. »Du müßtest das hier einmal im Sommer sehen.«

Ich sah nur menschenleere Straßen, geschlossene Läden, Hotels mit Scherengittern vor dem Haupteingang.

»Sechs Millionen Menschen kommen im Sommer hierher«, fuhr er bewegt fort.

»Auf mich wirkt das hier wie eine Geisterstadt.«

Wir gingen über eine Brücke. Vor uns lag ein riesiges, von Engeln flankiertes Eisentor, dessen einer Flügel geöffnet war. Und wir gingen hindurch.

»Rede weiter«, bat ich ihn, obwohl ich kurz zuvor noch beschlossen hatte, nicht nachzuhaken. »Erzähl mir von Christi Antlitz in den Menschen.«

Ich merkte, daß er das Gespräch nicht fortsetzen wollte. Vielleicht war jetzt weder der richtige Moment noch der richtige Ort dafür. Doch da er einmal begonnen hatte, mußte er es zu Ende führen.

Wir gingen eine endlose, von schneebedeckten Feldern gesäumte Allee entlang. An deren Ende erkannte ich die Umrisse einer Kathedrale.

»Rede weiter«, wiederholte ich.

»Du weißt doch schon alles. Ich bin ins Priesterseminar eingetreten. Während des ersten Jahres bat ich Gott, meine Liebe zu dir in Liebe für alle Menschen zu verwandeln. Im zweiten Jahr fühlte ich, daß Gott mich erhörte. Im dritten Jahr war ich mir sicher, daß diese Liebe, obwohl die Sehnsucht nach dir noch immer sehr groß war, sich allmählich in Barmherzigkeit, Gebet und Hilfe für die Bedürftigen verwandelte.«

»Und warum hast du mich dann wieder aufgesucht? Warum hast du in mir dieses Feuer wieder entfacht? Warum hast du mir von der Übung erzählt, eine Andere zu sein, mir gezeigt, wie kläglich mein Leben war?«

Die Worte brachen ungeordnet, zitternd aus mir hervor. Mit jeder Minute sah ich ihn dem Seminar näher und ferner von mir.

»Warum bist du zurückgekehrt? Warum erzählst du mir erst heute diese Geschichte, wo du doch merkst, daß ich anfange, dich zu lieben?«

Er ließ sich Zeit mit seiner Antwort. »Du wirst es dumm finden«, sagte er.

»Ich werde es nicht dumm finden. Ich habe keine Angst mehr, lächerlich zu erscheinen. Das hast du mich gelehrt.«

»Vor zwei Monaten hat mich der Vorsteher meines Klosters gebeten, ihn zu einem Haus zu begleiten, das einer Frau gehört hatte, die gestorben war und ihr ganzes Vermögen unserem Seminar vermacht hatte. Sie wohnte in Saint-Savin, und mein Vorsteher mußte ihre Besitztümer inventarisieren.«

Die Kathedrale im Hintergrund kam immer näher. Mir war klar, daß unser Gespräch unterbrochen werden würde, wenn wir dort anlangten.

»Hör jetzt nicht auf zu reden«, sagte ich. »Ich verdiene eine Erklärung.«

»Ich erinnere mich an den Augenblick, in dem ich das Haus betrat. Von den Fenstern sah man auf die Pyrenäen, deren schneebedeckte Gipfel das Sonnenlicht doppelt hell erstrahlen ließen. Ich begann eine Liste der Gegenstände aufzustellen, hörte aber nach kurzer Zeit damit auf, denn mir war aufgefallen, daß der Geschmack dieser Frau ganz und gar mit meinem übereinstimmte. Sie besaß genau dieselben Platten, die ich auch gekauft hätte, mit Musikstücken, die ich gern gehört hätte, während ich auf die Landschaft dort draußen schaute. Die Regale standen voller Bücher – einige hatte ich gelesen, andere hätte ich gewiß gern gelesen. Ich sah die Möbel, die Bilder, die kleinen, überall verteilten Gegenstände an; es war, als hätte ich sie ausgesucht.

Von diesem Tag an ging mir das Haus nicht mehr aus dem Sinn. Immer wenn ich zum Beten in die

Kapelle ging, wurde mir bewußt, daß mein Verzicht noch nicht vollständig war. Ich stellte mir vor, daß ich mit dir dort wäre, in genau so einem Haus mit dir wohnte, diese Platten hörte, auf die schneebedeckten Berge und ins Kaminfeuer schaute. Ich stellte mir vor, daß unsere Kinder durchs Haus liefen und auf den Feldern um Saint-Savin spielten.«

Obwohl ich dieses Haus nie betreten hatte, wußte ich genau, wie es aussah. Und ich wünschte, er würde nichts mehr sagen, um weiterträumen zu können.

Doch er fuhr fort: »Vor zwei Wochen konnte ich die Traurigkeit meiner Seele nicht mehr ertragen. Ich suchte meinen Superior auf und erzählte ihm alles. Ich erzählte ihm die Geschichte meiner Liebe zu dir und was ich gefühlt hatte, als ich die Liste des Inventars schrieb.«

Ein feiner Regen begann zu fallen. Ich zog den Kopf ein und knöpfte meine Jacke zu. Ich hatte Angst, zu hören, was nun kam.

»Da sagte mein Superior zu mir: ›Es gibt viele Arten, dem Herrn zu dienen. Wenn du glaubst, daß dies dein Schicksal ist, so folge ihm. Nur wer glücklich ist, kann Glück verbreiten.‹

›Ich weiß nicht, ob dies mein Schicksal ist‹, antwortete ich meinem Vorsteher. ›Mein Herz hat seinen Frieden gefunden, als ich beschloß, in dieses Kloster einzutreten.‹

›Dann geh nach Saint-Savin, um jeden Zweifel zu zerstreuen‹, sagte er. ›Bleib in der Welt, oder kehre ins Kloster zurück. Doch du mußt mit Herz und Seele an dem Platz sein, den du dir erwählt hast. Ein geteiltes Reich kann den Angriffen des Feindes nicht widerstehen. Ein geteilter Mensch kann dem Leben nicht in Würde begegnen.‹

Er griff in die Tasche und reichte mir etwas. Es war ein Schlüssel.

Der Vorsteher hat mir den Schlüssel zu jenem Haus geliehen. Er sagte, der Verkauf des Hauses könne noch warten. Ich weiß, er wollte, daß ich mit dir dorthin zurückkehre. Er war es, der diesen Vortrag in Madrid arrangierte – damit wir uns wiedertreffen.«

Ich betrachtete den Schlüssel in seiner Hand und lächelte nur. In meinem Herzen jedoch war es, als würden Glocken läuten und sich der Himmel öffnen. Er würde Gott auf eine andere Weise dienen – an meiner Seite. Und darum würde ich kämpfen.

»Nimm den Schlüssel«, sagte er.

Ich streckte meine Hand aus und verwahrte ihn in meiner Tasche.

Jetzt lag die Basilika vor uns. Noch bevor ich etwas sagen konnte, trat jemand auf ihn zu und begrüßte ihn. Der feine Regen fiel unablässig, und ich fragte mich, wie lange wir dort wohl bleiben würden; mein einziger Gedanke war, daß ich keine Wäsche zum Wechseln hatte und deshalb nicht naß werden durfte.

Ich versuchte, mich darauf zu konzentrieren. Ich wollte nicht an das Haus denken – an die Dinge, die zwischen Himmel und Erde schwebten und auf die Hand des Schicksals warteten.

Er rief mich heran und stellte mich ein paar Leuten vor. Sie fragten, wo wir untergebracht seien, und als er Saint-Savin sagte, meinte einer, daß dort ein heiliger Eremit begraben sei. Er erzählte, jener habe einst den Brunnen in der Mitte des Platzes gefunden – und Saint-Savin sei ursprünglich als Zufluchtsort für die Mönche entstanden, die das Leben in den Städten aufgegeben hatten und auf der Suche nach Gott in die Berge gekommen waren.

»Sie sind immer noch da«, sagte ein anderer.

Ich wußte nicht, ob diese Geschichte stimmte, und wußte auch nicht, wer ›sie‹ waren.

Immer mehr Leute kamen hinzu, und die Gruppe machte sich zum Eingang der Grotte auf. Ein älterer Mann versuchte, mir etwas auf französisch zu sagen. Als er merkte, daß ich ihn nicht verstand, wechselte er in ein holpriges Spanisch.

»Sie befinden sich in Begleitung eines ganz besonderen Menschen«, sagte er. »Dieser Mann tut Wunder.«

Ich antwortete nicht darauf, doch mir fiel die Nacht in Bilbao ein, als der verzweifelte Mann ihn angesprochen hatte. Damals hatte er mir nicht gesagt, wohin er ging, und es hatte mich auch nicht weiter interessiert. Meine Gedanken kreisten jetzt um ein Haus, von dem ich genau wußte, wie es aussah. Ich wußte, welche Bücher es darin gab, welche Platten, wie die Landschaft und die Einrichtung waren.

Irgendwo auf der Welt wartete ein ganz reales Haus auf uns, irgendwann. Ein Haus, in dem ich ruhig auf ihn warten würde. Ein Haus, in dem ich auf ein Mädchen oder einen Jungen warten würde, die von der Schule zurückkamen und es mit ihrer Fröhlichkeit und ihrer Unordnung erfüllten.

Die Gruppe ging schweigend im Regen, bis wir am Ort der Erscheinungen angelangt waren. Er sah genauso aus, wie ich ihn mir vorgestellt hatte: eine Grotte mit dem Bildnis der Heiligen Jungfrau und hinter einer Glasscheibe die Quelle, wo das Wunder des Wassers sich vollzogen hatte. Einige Pilger beteten, andere saßen schweigend und mit geschlossenen Augen in der Grotte. Vor der Grotte floß ein Bach entlang, und das Rauschen seines Wassers beruhigte mich. Als ich das Bildnis sah, sprach ich ein schnelles Gebet; ich bat die Heilige Jungfrau, mir zu helfen, weil mein Herz nicht noch mehr leiden wollte.

›Wenn der Schmerz doch kommen sollte, dann möge er schnell kommen‹, sagte ich. ›Denn vor mir liegt ein ganzes Leben, und ich muß es so gut wie möglich nutzen. Wenn er eine Wahl treffen muß, dann soll er es gleich tun. Dann warte ich auf ihn. Oder ich vergesse ihn. Warten tut weh. Vergessen tut weh. Doch nicht wissen, wofür man sich entscheidet, das ist das schlimmste Leiden.‹

Tief im Inneren meines Herzens fühlte ich, daß sie meine Bitte erhört hatte.

Mittwoch, 8. Dezember 1993

Als die Uhr der Basilika Mitternacht schlug, war die Gruppe um uns herum schon stark angewachsen. Wir waren fast hundert, unter uns auch Priester und Nonnen, die alle im Regen standen und auf das Bildnis schauten.

»Gegrüßt seist du, Heilige Mutter Maria der Unbefleckten Empfängnis!« sagte jemand neben mir, als der letzte Glockenton verklungen war.

»Gegrüßt seist du, Maria«, antworteten alle.

Ein Wärter stürzte herbei und bat uns, keinen Lärm zu machen, wir würden die anderen Pilger stören.

»Wir kommen von weit her«, sagte ein Mann aus unserer Gruppe.

»Die da auch«, antwortete der Wärter und wies auf die anderen Leute, die im Regen beteten. »Und sie beten schweigend.«

Ich hoffte inständig, daß der Wärter endlich gehen würde. Ich wollte allein mit ihm sein, weit von hier, seine Hände halten und sagen, was ich fühlte.

Wir mußten über das Haus reden, Pläne schmieden, über die Liebe reden. Ich mußte, was mich betraf, seine Zweifel zerstreuen, ihm meine Zuneigung zeigen, ihm sagen, daß er seinen Traum verwirklichen konnte – denn ich würde an seiner Seite sein und ihm helfen.

Dann entfernte sich der Wärter, und ein Priester begann leise den Rosenkranz zu beten. Als wir beim Credo angelangt waren, das die Reihe der Gebete abschließt, schwiegen alle mit geschlossenen Augen.

»Wer sind diese Leute?« fragte ich.

»Charismatiker«, sagte er.

Dieses Wort hatte ich schon gehört, wußte aber nicht genau, was es bedeutete.

»Das sind Leute, die das Feuer des Heiligen Geistes annehmen«, sagte er zur Erläuterung. »Das Feuer, das Jesus hinterlassen hat und an dem nur wenige ihre Kerzen angezündet haben. Es sind Leute, die der Wahrheit nahe sind, wie zu urchristlichen Zeiten, als alle noch Wunder tun konnten. Es sind Leute, die von der Frau im Sonnenmantel geführt werden.« Und er deutete mit dem Blick auf die Heilige Jungfrau.

Wie auf einen geheimen Befehl begann die Gruppe leise zu singen.

»Dir klappern ja die Zähne vor Kälte. Du brauchst nicht teilzunehmen«, sagte er.

»Bleibst du?«

»Ich bleibe. Dies ist mein Leben.«

»Dann möchte ich auch teilnehmen«, antwortete ich, obwohl ich lieber weit weg von dort gewesen wäre. »Wenn das deine Welt ist, möchte ich lernen, daran teilzuhaben.«

Die Gruppe sang immer noch. Ich schloß die Augen und versuchte der Musik zu folgen, obwohl ich nicht gut Französisch konnte. Ich sprach die Worte nach, ohne sie zu verstehen. Das ließ die Zeit schneller verstreichen.

Bald würde das hier zu Ende sein. Dann könnten wir endlich nach Saint-Savin zurückkehren, nur wir beide.

Ich sang mechanisch weiter. Ganz allmählich spürte ich, wie die Musik sich meiner bemächtigte, als hätte sie eigenes Leben, als könnte sie mich hypnotisieren. Ich spürte weder die Kälte noch den Regen – und dachte nicht mehr daran, daß ich keine Wäsche zum Wechseln dabeihatte. Die Musik tat mir gut, sie ließ meinen Geist fröhlich werden, trug mich in eine Zeit zurück, in der Gott mir näher war und mir geholfen hatte. Als ich mich fast ganz hingegeben hatte, verstummte die Musik.

Ich öffnete die Augen. Dieses Mal war es nicht der Wärter, sondern ein Pater, der wandte sich an einen Priester aus der Gruppe. Sie redeten leise miteinander, und der Pater ging wieder.

Der Priester wandte sich an uns.

»Wir müssen unsere Gebete auf der anderen Seite des Flusses sprechen«, sagte er.

Schweigend gingen wir zu der uns angewiesenen Stelle. Wir überquerten die fast gegenüber der Grotte liegende Brücke und gelangten auf das andere Ufer. Dort war es schöner: Bäume, eine große Wiese und der Fluß – der jetzt zwischen uns und der Grotte lag. Von dort aus konnten wir das erleuchtete Bildnis der Heiligen Jungfrau besser sehen und, ohne das unangenehme Gefühl zu haben, das Gebet der anderen zu stören, die Stimme freier erklingen lassen.

Die ganze Gruppe schien das auch so zu empfinden: alle begannen, das Gesicht zum Himmel gewandt, lauter zu singen. Und sie lächelten, während der Regen ihnen übers Gesicht rann.

Jemand hob die Arme, und schon hatten alle die Arme erhoben und wiegten sich im Rhythmus der Musik.

Ich versuchte angestrengt, es ihnen gleichzutun – doch ich wollte auch aufmerksam verfolgen, was sie machten. Ein Priester neben mir sang auf spanisch, und ich begann seine Worte zu wiederholen. Es waren Anrufungen des Heiligen Geistes, der Heiligen Jungfrau – sie möchten gegenwärtig sein und ihren Segen und ihre Kraft über einen jeden von uns ausgießen.

»Möge der Heilige Geist über uns kommen«, sagte ein anderer Priester und wiederholte den Satz auf spanisch, italienisch und französisch.

Was dann geschah, überstieg mein Verständnis. Jeder der Anwesenden begann, in einer unbekannten Sprache zu sprechen. Es klang wie eine Sprache mit Worten, die direkt aus der Seele zu kommen schienen und keinen logischen Sinn ergaben. Mir fiel kurz unser Gespräch in der Kirche ein, als er mir von der Erleuchtung erzählt hatte – daß nämlich alle Weisheit darin bestand, auf seine eigene Seele zu hören.

›Vielleicht ist dies ja die Sprache der Engel‹, dachte ich, während ich versuchte, es ihnen nachzutun – und mir lächerlich vorkam.

Alle schauten auf die Heilige Jungfrau auf der anderen Seite des Baches und waren wie in Trance. Ich suchte ihn mit dem Blick und entdeckte ihn unweit, wie er, die Hände zum Himmel erhoben, dieselben schnellen Worte sprach; es klang, als würde er ein

Gespräch mit ihr führen. Er lächelte, nickte mal zustimmend, dann wieder überrascht.

›Das ist also seine Welt‹, dachte ich.

All das erschreckte mich. Der Mann, den ich an meiner Seite haben wollte, sagte, daß Gott auch eine Frau war, redete unverständliche Sprachen, war in Trance und schien den Engeln nah. Das Haus in den Bergen wurde immer unwirklicher, als gehörte es einer Welt an, die er weit hinter sich gelassen hatte.

All die Tage seit dem Vortrag in Madrid waren mir wie ein Traum vorgekommen, eine Reise außerhalb der Zeit und des Raumes meines Lebens. Dennoch hatte dieser Traum den Geschmack der weiten Welt, des Romans, neuer Abenteuer. Sosehr ich mich auch wehrte, so wußte ich doch, wie leicht das Herz einer Frau in Liebe entflammt und daß es nur noch eine Frage der Zeit war, bis sie den Wind ungehindert brausen und das Wasser die Mauer des Staudamms zerstören ließe. Ich mochte mich noch sehr wehren und glauben, daß ich aus vergangenen Verliebtheiten gelernt hätte, auch mit dieser Situation fertig zu werden. Was aber jetzt, hier, geschah, das konnte ich nicht begreifen. Dies war nicht der Katholizismus, den man mich in der Schule gelehrt hatte. So hatte ich mir den Mann meines Lebens nicht vorgestellt.

›Der Mann meines Lebens, wie merkwürdig‹, sagte ich mir, überrascht von den Worten, die mir in den Sinn gekommen waren.

Dort am Bach, gegenüber der Grotte, fühlte ich Angst und Eifersucht. Angst, weil alles dies neu für mich war, und was neu ist, erschreckt mich immer. Eifersucht, weil ich allmählich begriff, daß seine Liebe größer war, als ich gedacht hatte, Bereiche mit einschloß, in die ich nie vorgedrungen war.

»Vergib mir, Heilige Mutter Gottes«, sagte ich. »Vergib mir, denn ich bin kleinlich, engherzig, weil ich die Liebe dieses Mannes ganz allein für mich haben will. Und wenn es nun wirklich seine Berufung war, die Welt zu verlassen, sich in das Priesterseminar einzuschließen und mit den Engeln zu reden?«

Wie lange würde er widerstehen, bevor er das Haus, die Schallplatten und die Bücher hinter sich ließ und seiner wahren Bestimmung folgte? Und selbst wenn er nicht wieder ins Seminar zurückging, welchen Preis müßte er dafür zahlen, daß ich ihn von seinem wahren Traum fernhielt?

Alle schienen ganz und gar in ihrem Tun aufzugehen, nur ich nicht. Mein Blick hing an ihm, und er redete die Sprache der Engel.

Einsamkeit trat an die Stelle von Angst und Eifersucht. Die Engel hatten jemanden, mit dem sie reden konnten, und ich war allein.

Ich weiß nicht, was mich dazu trieb, zu versuchen, diese merkwürdige Sprache zu sprechen. Vielleicht der übermächtige Wunsch, ihm zu begegnen, ihm zu sagen, was ich fühlte. Vielleicht mußte meine Seele mit mir reden – mein Herz war voller Zweifel und brauchte dringend Antworten.

Ich wußte nicht genau, was ich tun sollte. Das Gefühl, lächerlich zu wirken, war sehr stark. Doch hier waren Männer und Frauen allen Alters, Priester und Laien, Novizen und Nonnen, Schüler und alte Menschen versammelt. Sie gaben mir Mut, und ich bat den Heiligen Geist, mir zu helfen, die Mauer der Angst zu überwinden.

›Versuch es‹, sagte ich mir. ›Du mußt nur den Mund aufmachen und den Mut aufbringen, Dinge zu sagen, die du nicht verstehst. Versuch es.‹

Ich versuchte es. Doch zuvor betete ich, daß diese Nacht, die einem langen Tag folgte, von dem ich nicht mehr recht wußte, wie er angefangen hatte, eine Epiphanie werden möge, ein Neuanfang für mich.

Gott schien mich zu erhören. Die Worte strömten freier aus mir – und verloren allmählich die

Bedeutung, die sie in der Sprache der Menschen haben. Das Gefühl von Peinlichkeit schwand, mein Mut wuchs, die Sprache strömte frei heraus. Obwohl ich nichts von dem verstand, was ich sagte, erfaßte meine Seele den Sinn.

Nur schon, daß ich den nötigen Mut aufgebracht hatte, sinnlose Dinge zu sagen, wirkte euphorisierend auf mich. Ich war frei, brauchte mein Handeln nicht mehr zu rechtfertigen. Diese Freiheit hob mich in den Himmel – wo eine größere Liebe, die alles vergibt und sich nie verlassen fühlt, mich wieder in sich aufnahm.

›Mein Glaube scheint zu mir zurückzukehren‹, dachte ich voll Staunen über all die Wunder, die die Liebe zu tun imstande ist. Ich spürte die Heilige Jungfrau an meiner Seite, wie sie mich im Arm hielt, mich umhüllte und mit ihrem Mantel wärmte. Die fremdartigen Worte flossen immer schneller aus meinem Munde.

Unwillkürlich begann ich zu weinen. Freude durchströmte mein Herz, erfüllte mich. Sie war stärker als alle Ängste, als meine kleinlichen Gewißheiten, als der Versuch, jede Sekunde meines Lebens zu kontrollieren.

Ich wußte, daß dieses Weinen ein Geschenk war, denn die Nonnen hatten uns in der Schule gelehrt, daß die Heiligen in der Ekstase weinen. Ich öffnete die Augen, sah in den dunklen Himmel hinauf und fühlte, wie meine Tränen sich mit dem Regen vermischten. Die Erde war lebendig, das Wasser, das von oben kam, brachte das Wunder aus der Höhe wieder zurück. Und wir waren ein Teil dieses Wunders.

»Gott kann also eine Frau sein, das ist gut so«, sagte ich leise, während die anderen sangen. »Wenn es so ist, dann hat sein weibliches Antlitz uns lieben gelehrt.«

»Laßt uns Gruppen von je acht Personen bilden und gemeinsam beten«, sagte der Priester auf spanisch, italienisch und französisch.

Ich war verwirrt, wußte wieder nicht recht, wie mir geschah, als jemand von links auf mich zutrat und mir den Arm um die Schulter legte und ein anderer von rechts es ihm gleichtat. Dann beugten wir uns alle nach vorn, und unsere Köpfe berührten sich.

»Möge die Heilige Mutter Gottes von der Unbefleckten Empfängnis meinem Sohn helfen und ihm den rechten Weg weisen«, sagte die Stimme des Mannes, der mich rechts umfangen hielt. »Ich bitte euch, ein Ave-Maria für meinen Sohn zu beten.«

»Amen«, antworteten alle. Und die acht beteten ein Ave-Maria.

»Möge die Heilige Mutter Gottes von der Unbefleckten Empfängnis mich erleuchten und in mir die Gabe des Heilens wecken«, sagte die Stimme einer Frau in meiner Gruppe. »Laßt uns ein Ave-Maria beten.«

Und wieder sagten alle »Amen« und beteten.

Jeder sagte eine Bitte, und alle beteten gemeinsam. Ich war über mich selbst verwundert, denn ich betete wie ein Kind – und wie ein Kind glaubte ich, daß die Gebete erhört werden würden.

Die Gruppe schwieg den Bruchteil einer Sekunde lang. Ich merkte, daß ich nun an der Reihe war, um etwas zu bitten. In jeder anderen Situation hätte ich mich zu Tode geschämt und kein Wort herausgebracht. Doch etwas war mir nahe, was mir Vertrauen einflößte.

»Möge die Heilige Mutter Gottes von der Unbefleckten Empfängnis mich lehren, wie sie zu lieben«, sagte ich. »Möge diese Liebe mich und den Mann, dem sie gilt, wachsen lassen. Laßt uns ein Ave-Maria beten.«

Wir beteten gemeinsam, und wieder erfüllte mich dieses Gefühl von Freiheit. Jahrelang hatte ich gegen mein Herz gekämpft, weil ich mich vor der

Traurigkeit, dem Leiden, dem Verlassensein fürchtete. Ich hatte immer gewußt, daß die wahre Liebe über all diesem stand und daß es besser war zu sterben als nicht mehr zu lieben.

Aber ich hatte immer geglaubt, nur die anderen hätten den Mut. Und jetzt, in diesem Augenblick, entdeckte ich, daß auch ich dazu fähig war. Auch wenn es Trennung, Einsamkeit, Traurigkeit bedeuten mochte, die Liebe war es wert.

›Ich darf jetzt nicht über all diese Dinge nachdenken, ich muß mich auf das Ritual konzentrieren.‹ Der Priester, der unsere Gruppe leitete, bat uns nun, einander loszulassen und für die Kranken zu beten. Alle beteten, sangen, tanzten im Regen, beteten zu Gott und zur Heiligen Jungfrau Maria und sprachen wieder in fremden Zungen und wiegten sich mit zum Himmel gereckten Armen.

»So jemand hier ist, dessen Schwiegertochter krank ist, so wisse er, daß sie geheilt wird«, sagte irgendwann eine Frau.

Die Gebete ertönten wieder, die Gesänge ertönten wieder und mit ihnen die Freude.

»So jemand in dieser Gruppe kürzlich seine Mutter verloren hat, so glaube er und wisse, daß sie im Himmel ist.«

Später erzählte er mir, daß dies die Gabe der

Prophezeiung sei, daß bestimmte Menschen fähig seien, zu spüren, was an einem fernen Ort geschah oder kurze Zeit darauf geschehen würde.

Doch auch wenn ich das nie erfahren hätte, glaubte ich an die Kraft der Stimme, die von den Wundern redete. Ich hoffte, daß sie irgendwann über die Liebe von zwei dort anwesenden Menschen sprechen würde. Ich hoffte darauf, die Stimme sagen zu hören, daß diese Liebe von allen Engeln, Heiligen, von Gott und von der Göttin gesegnet sei.

Ich weiß nicht, wie lange dieses Ritual gedauert hat. Die Menschen sprachen immer wieder in fremden Zungen, sangen, tanzten mit zum Himmel gereckten Armen, beteten für ihren Nächsten, baten um Wunder, bezeugten Gnaden, die ihnen widerfahren waren.

Schließlich sagte der Pater, der die Zeremonie leitete:

»Laßt uns singend für alle Menschen beten, die das erste Mal an dieser charismatischen Erneuerung teilgenommen haben.«

Ich war also nicht die einzige. Das beruhigte mich.

Alle sangen ein Gebet. Dieses Mal hörte ich nur zu, betete darum, daß mir Gnade zuteil werde.

Ich brauchte viel davon.

»Laßt uns den Segen empfangen«, sagte der Pater.

Alle wandten sich zur erleuchteten Grotte auf der anderen Seite des Baches. Der Pater sprach mehrere Gebete und segnete uns. Dann küßten sich alle und wünschten einander einen glücklichen Tag der Unbefleckten Empfängnis, und jeder ging seines Weges.

Er kam auf mich zu. Er sah noch fröhlicher aus als sonst.

»Du bist klitschnaß«, sagte er.

»Du aber auch«, antwortete ich lachend.

Wir fuhren im Wagen nach Saint-Savin zurück. Ich hatte diesen Augenblick so sehnlich erwartet, aber jetzt wußte ich nicht, was ich sagen sollte. Ich konnte nichts zum Haus in den Bergen, über das Ritual, die Bücher und die Schallplatten, die fremden Zungen und die im Kreis gesprochenen Gebete sagen.

Er lebte in zwei Welten. Irgendwo und in einem

bestimmten Augenblick verschmolzen diese beiden Welten zu einer einzigen – und ich mußte herausfinden, wie.

Doch Worte waren in jenem Augenblick fehl am Platz. Die Liebe entdeckt man, indem man liebt.

»Ich habe nur noch einen Pullover«, sagte er, als wir im Zimmer angelangt waren. »Du kannst ihn haben. Morgen kaufe ich mir einen neuen.«

»Wir können die Wäsche auf die Heizung legen. Dann ist sie morgen trocken«, meinte ich. »Für alle Fälle habe ich ja noch die Bluse, die ich gestern gewaschen habe.«

Einen Augenblick schwiegen wir beide.

Wäsche. Nacktheit. Kälte.

Er zog ein T-Shirt aus dem Koffer.

»Damit kannst du schlafen«, sagte er.

Ich löschte das Licht. Im Dunkeln zog ich meine nassen Kleider aus, legte sie auf die Heizung und drehte diese ganz auf.

Der Schein der Laterne vor dem Haus war stark genug, daß er meine Umrisse sah, wußte, daß ich nackt war. Ich zog mir das T-Shirt an und schlüpfte unter meine Bettdecke.

»Ich liebe dich«, hörte ich ihn sagen.

»Ich bin dabei zu lernen, dich zu lieben«, antwortete ich.

Er zündete sich eine Zigarette an.

»Glaubst du, daß der richtige Augenblick kommen wird?« fragte er.

Ich wußte, was er meinte. Ich stand auf und setzte mich bei ihm auf die Bettkante.

Die Glut der Zigarette beleuchtete hin und wieder sein Gesicht. Er hielt meine Hand, und wir verharrten eine Weile so. Dann streichelte ich sein Haar.

»Du solltest mich nicht fragen«, antwortete ich. »Die Liebe fragt nicht viel, denn wenn wir anfangen zu denken, bekommen wir gleich Angst. Es ist eine unerklärliche Angst, es lohnt nicht, sie in Worte zu fassen. Vielleicht ist es die Angst, abgewiesen zu werden, nicht angenommen zu werden, den Zauber zu brechen. Es mag lächerlich sein, aber es ist so. Deshalb fragt man nicht – man handelt. Man wagt's, wie du selber gesagt hast.«

»Ich weiß. Früher habe ich auch nie gefragt.«

»Mein Herz besitzt du schon«, antwortete ich, indem ich so tat, als hätte ich seine Worte nicht gehört. »Morgen kannst du gehen, und wir werden uns immer an das Wunder dieser Tage erinnern. Die romantische Liebe, die Möglichkeit, den Traum. Aber ich glaube, in seiner unendlichen Weisheit hat Gott die Hölle mitten im Paradies versteckt. Damit wir immer wachsam bleiben. Damit wir, wenn wir die Freude der Barmherzigkeit erleben, Gottes Strenge nicht vergessen.«

Seine Hände streichelten mein Haar nun kräftiger.

»Du lernst schnell«, sagte er.

Ich wunderte mich über das, was ich gesagt hatte. Doch wenn du dein eigenes Wissen akzeptierst, wirst du am Ende wirklich wissend sein.

»Ich bin nicht prüde, habe mich nie geziert«, sagte ich. »Ich habe schon viele Männer gehabt. Ich habe schon mit Wildfremden geschlafen.«

»Ich auch«, antwortete er.

Er versuchte, unbefangen zu wirken, doch an der Art, wie er meinen Kopf berührte, merkte ich, daß das, was ich gesagt hatte, ihm zu schaffen machte.

»Seit heute morgen jedoch habe ich auf wundersame Weise meine Jungfräulichkeit wiedererlangt. Versuch nicht, es zu verstehen, nur eine Frau weiß, was ich meine. Die Liebe war wieder da, doch sie ganz zu erfassen braucht Zeit.«

Er nahm seine Hände von meinem Haar und berührte mein Gesicht. Ich küßte ihn leicht auf die Lippen und kehrte in mein Bett zurück.

Ich wußte selbst nicht recht, warum. Mir war nicht klar, ob ich ihn damit nur mehr an mich binden oder ihm seine Freiheit geben wollte.

Doch der Tag war lang gewesen. Ich war zu müde, um noch weiter darüber nachzudenken.

Ich erlebte eine Nacht unendlichen Friedens. Irgendwann hatte ich in einem Zustand zwischen Wachsein und Traum das Gefühl, daß mich ein weibliches Wesen in seine Arme nahm, und es war, als kennte ich es schon immer, denn ich fühlte mich beschützt und geliebt.

Um sieben Uhr wachte ich auf, in einem stickig heißen Zimmer. Mir fiel wieder ein, daß ich wegen der nassen Wäsche die Heizung voll aufgedreht hatte. Es war noch dunkel, und ich kletterte leise aus dem Bett, um ihn nicht zu wecken.

Doch da sah ich, daß er nicht mehr da war.

Panik überfiel mich. Die Andere war sofort wieder da und höhnte: ›Siehst du? Kaum gibst du nach, da haut er ab. Wie alle Männer.‹

Meine Panik wuchs mit jeder Minute. Ich durfte die Fassung nicht verlieren. Die Andere aber ließ nicht locker.

›Ich bin noch da‹, sagte sie. ›Du hast zugelassen, daß der Wind sich gedreht hat, du hast die Tür geöffnet, und nun hat die Liebe dein Leben mitgerissen. Aber wenn wir jetzt schnell handeln, bekommen wir alles wieder in den Griff.‹

Ich mußte etwas Handfestes tun. Vorkehrungen treffen.

›Er ist weg‹, fuhr die Andere fort. ›Du mußt sehen, wie du hier vom Ende der Welt irgendwie wegkommst. Dein Leben in Saragossa ist von all dem noch unberührt: Lauf schnell wieder zurück. Bevor du verlierst, was du dir mühsam aufgebaut hast.‹

›Er wird seine Gründe gehabt haben‹, dachte ich.

›Die Männer haben immer irgendeinen Grund‹, entgegnete die Andere. ›Tatsache aber ist, daß sie am Ende immer die Frauen verlassen.‹

Ich mußte also sehen, wie ich wieder nach Spanien zurückkam. Der Kopf muß immer etwas zu tun haben.

›Sehen wir einmal die praktische Seite: das Geld‹, sagte die Andere.

Ich besaß keinen Centavo. Ich würde hinunter-
gehen, ein R-Gespräch mit meinen Eltern führen
und warten müssen, bis sie mir das Geld für die
Rückfahrt schickten. Doch heute war Feiertag, und
das Geld würde erst morgen kommen. Wie sollte
ich etwas zu essen bekommen? Wie sollte ich den
Hausbesitzern erklären, daß sie zwei Tage warten
mußten, bis ich sie bezahlen konnte?

›Am besten gar nichts sagen‹, antwortete die
Andere. Ja, sie hatte Erfahrung, sie wußte, was in
solchen Situationen zu tun war. Sie war kein ver-
liebtes Mädchen, das die Fassung verliert, sondern
eine Frau, die immer weiß, was sie vom Leben will.
Am besten blieb ich einfach hier, als wäre nichts
geschehen, als würde er wiederkommen. Und wenn
das Geld käme, würde ich meine Schulden bezahlen
und abreisen.

›Ausgezeichnet‹, sagte die Andere. ›Allmählich
wirst du wieder du selbst. Sei nicht traurig – irgendwann wirst du schon einen Mann treffen. Einen,
den du ohne Risiko lieben kannst.‹

Ich nahm meine Wäsche von der Heizung. Sie
war trocken. Ich mußte herausbekommen, in wel-
chem Städtchen es hier eine Bank gab und wo man
telefonieren konnte. Solange ich mich beschäftigte,
war für Tränen und Sehnsucht keine Zeit.

Da entdeckte ich einen Zettel, den er für mich geschrieben hatte:

Bin ins Seminar gefahren. Pack Deine Sachen. Wir fahren morgen nach Spanien. Bin nachmittags wieder zurück.

Und am Ende stand: *Ich liebe Dich.*

Ich preßte den Zettel ans Herz, fühlte mich zugleich elend und erleichtert. Ich spürte, wie die Andere völlig überrumpelt in sich zusammenschrumpfte.

Auch ich liebte ihn. Mit jeder Minute, mit jeder Sekunde wuchs diese Liebe und veränderte mich. Ich hatte wieder Vertrauen in die Zukunft und erlangte – ganz allmählich – wieder den Glauben an Gott zurück.

Alles wegen der Liebe.

›Ich will nicht mehr mit meinen eigenen dunklen Seiten reden‹, versprach ich mir selbst, indem ich der Anderen endgültig Tür und Tor verschloß. ›Ein Sturz aus dem dritten Stock ist genauso schlimm wie einer aus dem hundertsten.

Wenn ich schon fallen soll, dann lieber aus allerhöchster Höhe.‹

»Sie sollten nicht schon wieder ohne Frühstück aus dem Haus gehen«, sagte die Frau.

»Ich wußte gar nicht, daß Sie Spanisch sprechen«, antwortete ich überrascht.

»Die Grenze ist ganz in der Nähe. Im Sommer kommen die Touristen nach Lourdes. Ohne Spanischkenntnisse würde ich keine Zimmer vermieten.«

Sie bereitete Toast und Kaffee zu. Ich begann mich innerlich auf diesen Tag vorzubereiten; jede einzelne Stunde würde mir wie ein Jahr vorkommen. Hoffentlich lenkte mich dieses Frühstück ein wenig ab.

»Wie lange sind Sie schon verheiratet?« fragte sie.

»Er war meine erste Liebe«, antwortete ich. Das genügte.

»Sehen Sie die Gipfel dort draußen?« fuhr die Frau fort. »Meine erste Liebe starb auf einem dieser Berge.«

»Aber zumindest haben Sie wieder jemanden gefunden.«

»Ja, das habe ich. Und ich bin wieder glücklich geworden. Das Schicksal ist merkwürdig: Ich kenne fast niemanden, der seine erste Liebe geheiratet hat. Diejenigen, die heiraten, sagen mir immer, daß sie etwas Wichtiges verloren haben, daß sie nicht alles erlebt haben, was sie hätten erleben können.«

Sie hielt plötzlich inne.

»Entschuldigen Sie bitte«, sagte sie. »Ich wollte Ihnen nicht weh tun.«

»Sie tun mir nicht weh.«

»Ich schaue immer auf den Brunnen da draußen. Und dann denke ich: Vorher wußte niemand, daß dort Wasser war – bis der heilige Savinus anfing, dort zu graben, und es entdeckte. Hätte er es nicht getan, läge die Stadt dort unten am Fluß.«

»Und was hat das mit der Liebe zu tun?«

»Dieser Brunnen hat Menschen mit ihren Hoffnungen, ihren Träumen und ihren Konflikten hierhergeführt. Jemand hat es gewagt, das Wasser zu suchen, das Wasser hat sich gezeigt, und sie fanden sich um dieses Wasser herum zusammen. Ich denke, wenn wir mutig die Liebe suchen, zeigt sie sich, und am Ende ziehen wir noch mehr Liebe an. Wenn uns ein Mensch liebt, lieben uns alle. Sind wir jedoch allein, werden wir immer einsamer. Das Leben ist schon merkwürdig.«

»Haben Sie schon einmal von einem Buch mit dem Titel *I Ging* gehört?« fragte ich.

»Noch nie.«

»Da heißt es, daß man eine Stadt versetzen kann,

aber keinen Brunnen. Die Liebenden treffen sich am Brunnen, stillen dort ihren Durst, bauen dort ihre Häuser, ziehen dort ihre Kinder auf. Doch wenn einer von ihnen beschließt zu gehen, kann der Brunnen ihm nicht folgen. Die Liebe bleibt dort verlassen zurück – obwohl der Brunnen immer noch mit demselben reinen Wasser gefüllt ist.«

»Sie reden wie eine Alte, die schon viel gelitten hat, mein Kind«, sagte sie.

»Nein, ich hatte immer nur Angst. Ich habe nie den Brunnen gegraben. Jetzt tue ich es, doch ich sehe auch die Gefahren.«

Ich spürte einen sperrigen Gegenstand in der Hosentasche. Als ich nachfühlte, wich mir das Blut aus dem Herzen. Schnell trank ich meinen Kaffee aus.

Es war der Schlüssel. Ich hatte den Schlüssel.

»Hier in der Stadt ist doch kürzlich eine Frau gestorben, die alles dem Priesterseminar in Tarbes vermacht hat«, sagte ich. »Wissen Sie, wo ihr Haus steht?«

Die Frau öffnete die Tür und zeigte es mir. Es war eines der mittelalterlichen Häuser am kleinen Platz, das nach hinten zum Tal und zu den Bergen hinausging.

»Zwei Pater waren fast zwei Monate dort«, sagte sie. »Und...«

Sie sah mich nachdenklich an.

»Und einer sah Ihrem Mann ähnlich«, sagte sie nach einer langen Pause.

»Er war es«, sagte ich, während ich hinausging, und war hoch zufrieden, weil ich zugelassen hatte, daß sich das Kind in mir einen kleinen Streich erlaubte.

Ich blieb unschlüssig vor dem Haus stehen. Nebel hüllte alles ein, und mir war, als träte ich in einen grauen Traum ein, in dem seltsame Figuren auftauchen, die uns an noch seltsamere Orte führen.

Meine Finger betasteten nervös den Schlüssel.

Bei diesem Nebel könnte ich unmöglich vom Fenster aus die Berge sehen. Das Haus würde düster sein ohne die Sonne in den Vorhängen. Das Haus würde ohne ihn traurig wirken.

Ich sah auf die Uhr. Es war neun.

Ich mußte irgend etwas tun, irgend etwas, was die Zeit schneller vergehen ließ, mir das Warten verkürzte.

Warten. Das war die erste Lektion über die Liebe, die ich gelernt hatte. Der Tag zieht sich endlos dahin, man macht tausend Pläne, stellt sich vor, was man ihm später sagen wird, verspricht sich selbst, anders zu werden – und man erwartet unruhig und sehnsüchtig den Liebsten.

Ist er da, weiß man nicht mehr, was man sagen wollte. In diesen Stunden des Wartens baut sich Anspannung auf, die zu Angst wird, und die Angst führt dazu, daß wir uns schämen, unsere Gefühle zu zeigen.

›Ich weiß nicht, ob ich dort hineingehen soll.‹ Mir fiel das Gespräch vom Vortag wieder ein – dieses Haus war das Symbol eines Traumes.

Doch ich konnte nicht den ganzen Tag lang dort stehenbleiben. Ich nahm all meinen Mut zusammen, zog den Schlüssel aus der Tasche und ging auf die Tür zu.

»Pilar!«

Die Stimme mit starkem französischem Akzent kam aus dem Nebel. Ich war eher überrascht als erschreckt. Es könnte der Besitzer des Hauses sein, bei dem wir ein Zimmer gemietet hatten – aber ich konnte mich nicht daran erinnern, ihm meinen Namen genannt zu haben.

»Pilar!« erklang die Stimme, diesmal etwas näher.

Ich blickte auf den im Nebel liegenden Platz.

Eine Gestalt näherte sich schnellen Schrittes. Der Alptraum des Nebels mit seinen seltsamen Wesen wurde Wirklichkeit.

»Warten Sie«, sagte die Gestalt. »Ich muß mit Ihnen reden.«

Als sie näher kam, sah ich, daß es ein Pater war. Er wirkte wie eine dieser Karikaturen eines Provinzpaters: klein, dicklich, ein paar weiße Haare auf dem fast kahlen Schädel.

»Hallo«, sagte er und streckte mir mit einem breiten Lächeln seine Hand hin.

Ich war sprachlos und konnte nur nicken.

»Schade, daß der Nebel alles einhüllt«, sagte er mit einem Blick auf das Haus. »Saint-Savin liegt auf einem Berg, und die Aussicht von diesem Haus aus ist wunderschön. Von den Fenstern aus sieht man das Tal dort unten und oben die beschneiten Gipfel. Aber das wissen Sie schon, nicht wahr?«

Da wußte ich, wer er war: der Superior des Klosters.

»Was machen Sie denn hier?« fragte ich. »Und woher kennen Sie meinen Namen?«

»Wollen Sie nicht hereinkommen?« fragte er, das Thema wechselnd.

»Nein. Ich möchte, daß Sie auf meine Frage antworten.«

Er rieb sich die Hände, um sie zu wärmen, und setzte sich auf den Bordstein. Ich setzte mich neben ihn. Der Nebel wurde immer dichter und hatte inzwischen die Kirche verschluckt, die nur zwanzig Meter von uns entfernt lag.

Wir konnten nur den Brunnen sehen. Ich dachte an die Worte der Frau.

»Sie ist hier«, sagte ich.

»Wer?«

»Die Göttin«, antwortete ich. »Sie ist im Nebel.«

»Er hat also mit Ihnen darüber gesprochen!« sagte er lachend. »Nun, ich nenne sie lieber die Heilige Jungfrau Maria. Ich bin das so gewohnt.«

»Was machen Sie hier? Woher kennen Sie meinen Namen?« wiederholte ich.

»Ich wollte Sie beide sehen. Jemand, der gestern in der Gruppe der Charismatiker war, hat mir erzählt, daß Sie in Saint-Savin abgestiegen sind. Und Saint-Savin ist eine sehr kleine Stadt.«

»Er ist zum Seminar gefahren.«

Der Pater hörte auf zu lächeln und wiegte seinen Kopf.

»Wie schade«, sagte er, als würde er mit sich selbst reden.

»Schade, daß er zum Priesterseminar gefahren ist?«

»Nein, dort ist er nicht. Da komme ich gerade her.«

Einige Minuten lang sagte ich nichts. Ich erinnerte mich wieder an das Gefühl, das ich am Morgen gehabt hatte: das Geld, die Vorkehrungen, das Telefonat mit meinen Eltern, die Fahrkarte. Doch ich hatte einen Schwur getan, und den würde ich halten.

Ein Pater saß neben mir. Als Kind hatte ich alles den Patern gebeichtet.

»Ich bin erschöpft«, sagte ich, das Schweigen brechend. »Vor nicht einmal einer Woche wußte ich, wer ich war und was ich vom Leben erwartete. Jetzt ist mir, als wäre ich in einen Sturm geraten, der mich hin und her schüttelt und dem ich wehrlos ausgeliefert bin.«

»Halten Sie stand«, sagte der Pater. »Das ist wichtig.«

Ich war über diese Bemerkung verwundert.

»Erschrecken Sie nicht«, fuhr er fort, als hätte er meine Gedanken erraten. »Ich weiß, daß die Kirche junge Priester braucht, und er wäre ein ausgezeichneter Priester. Doch der Preis, den er dafür zahlen müßte, ist sehr hoch.«

»Wo ist er? Hat er mich hiergelassen und ist nach Spanien zurückgefahren?«

»Nach Spanien? In Spanien hat er nichts zu tun«, sagte der Pater. »Sein Haus ist das Kloster, und das liegt wenige Kilometer von hier entfernt. Dort ist er nicht. Aber ich weiß, wo ich ihn finden kann.«

Seine Worte machten mich wieder froh und gaben mir meinen Mut zurück. Wenigstens war er nicht fort.

Doch der Pater lächelte nicht mehr.

»Freuen Sie sich nicht zu sehr«, fuhr er fort, als hätte er wieder meine Gedanken erraten. »Es wäre besser gewesen, er wäre nach Spanien zurückgekehrt.«

Der Pater erhob sich und bat mich, ihn zu begleiten. Man konnte nur wenige Meter weit sehen, doch er schien zu wissen, wohin er wollte. Wir verließen Saint-Savin auf demselben Weg, den wir zwei – oder waren es schon fünf? – Nächte zuvor gefahren waren, als er mir die Geschichte der Bernadette erzählt hatte.

»Wohin gehen wir?« fragte ich.

»Wir werden ihn holen«, sagte der Pater.

»Pater, Sie verwirren mich«, sagte ich, während wir gingen. »Wie mir scheint, hat es Sie betrübt zu hören, daß er nicht dort sei.«

»Was wissen Sie über das Priesterleben, mein Kind?«

»Sehr wenig. Daß die Pater Armut, Keuschheit und Gehorsam geloben.«

Ich zögerte etwas und sagte dann doch: »Und daß sie über die Sünden der anderen richten, obwohl sie die gleichen Sünden begehen. Daß sie glauben, über die Ehe und die Liebe alles zu wissen, aber nie heiraten. Daß sie uns wegen Dingen mit der Hölle drohen, die sie selbst auch tun. Und uns einen rächenden Gott zeigen, der den Menschen die Schuld am Tode seines einzigen Sohnes gibt.«

Der Pater lachte.

»Sie haben eine ausgezeichnete katholische Erziehung genossen«, sagte er. »Doch ich frage nicht nach dem Katholizismus, ich frage nach dem spirituellen Leben.«

Ich sagte nichts.

»Ich weiß es nicht genau«, meinte ich schließlich. »Es sind Menschen, die alles aufgeben und sich auf die Suche nach Gott machen.«

»Und finden sie ihn?«

»Die Antwort kennen Sie. Ich habe keine Ahnung.«

Der Pater bemerkte, daß ich keuchte, und verlangsamte seine Schritte.

»Ihre Definition stimmt nicht«, begann er. »Wer auf die Suche nach Gott geht, vertut seine Zeit. Er kann viele Wege gehen, sich vielen Religionen und Sekten anschließen – doch so wird er Ihn niemals finden. Gott ist hier bei uns. Wir können Ihn hier im Nebel sehen, auf diesem Boden, in dieser Kleidung, in diesem Schuh. Seine Engel wachen über uns, wenn wir schlafen, und helfen uns bei unserer Arbeit. Um Gott zu finden, müssen wir nur um uns blicken. Doch ist es nicht einfach, Ihn zu finden. In dem Maße, in dem Gott uns an Seinem Mysterium teilhaben läßt, fühlen wir uns immer orientierungsloser. Denn Er will von uns, daß wir unseren Träumen und der Stimme unseres Herzens folgen. Doch dies fällt uns schwer, weil wir anders zu leben gewohnt sind. Und dann stellen wir verwundert fest, daß Gott will, daß wir glücklich sind, weil Er ein Vater ist.«

»Und eine Mutter«, sagte ich.

Der Nebel begann sich zu lichten. Ich konnte ein kleines Bauernhaus erkennen, bei dem eine Frau Holz sammelte.

»Ja, und Mutter«, sagte er. »Um ein spirituelles Leben zu führen, muß man weder in ein Priesterseminar eintreten noch fasten, noch abstinent sein, noch keusch. Es reicht, zu glauben und Gott zu akzeptieren. Von dort aus wird jeder zu Seinem Weg, werden wir zum Instrument Seiner Wunder.«

»Er hat mir schon von Ihnen erzählt«, unterbrach ich ihn. »Und er hat mich dieselben Dinge gelehrt.«

»Ich hoffe, Sie akzeptieren Ihre Gaben«, antwortete der Pater, »denn nicht immer wiederholt sich, was uns die Geschichte gelehrt hat. Osiris wurde in Ägypten gevierteilt. Die griechischen Götter zerstritten sich über die Frauen und Männer auf Erden. Die Azteken vertrieben Quetzalcoatl. Die nordischen Götter sahen zu, wie Walhalla wegen einer Frau in Flammen aufging. Jesus wurde gekreuzigt. Und weshalb?«

Ich wußte keine Antwort darauf.

»Weil Gott auf die Erde kommt, um uns Seine Macht zu zeigen. Wir sind Teil Seines Traumes, und Er will, daß es ein glücklicher Traum sei. Dennoch, wenn wir uns eingestehen, daß Gott uns zum Glück geschaffen hat, müssen wir annehmen, daß alles, was uns Traurigkeit und Niederlagen bringt, unsere eigene Schuld ist. Deshalb töten wir Gott immer wieder. Sei es am Kreuz, im Feuer, im Exil, sei es in unserem Herzen.«

»Doch die, die Ihn verstehen...«

»...die verändern die Welt. Unter großen Opfern.«

Die Frau, die das Holz trug, sah den Pater und kam zu uns gelaufen.

»Danke, Pater!« sagte sie und küßte ihm die Hände. »Der junge Mann hat meinen Mann geheilt!«

»Geheilt hat ihn die Heilige Jungfrau«, antwortete der Pater und beschleunigte seinen Schritt. »Er ist nur ihr Werkzeug.«

»Er war es. Treten Sie bitte ein.«

Da fiel es mir wieder ein: Als wir am Abend zuvor bei der Basilika angekommen waren, hatte ein Mann so etwas wie ›Sie befinden sich in Begleitung eines Mannes, der Wunder tut!‹ gesagt.

»Wir haben es eilig«, sagte der Pater.

»Nein, wir haben es nicht eilig«, antwortete ich und schämte mich in Grund und Boden wegen meines Französisch. »Mir ist kalt, und ich möchte einen Kaffee trinken.«

Die Frau nahm mich bei der Hand, und wir traten ins Haus. Das Haus war heimelig, jedoch ganz einfach. Die Wände aus Stein, Boden und Decke aus Holz. Vor dem brennenden Kamin saß ein Mann von etwa sechzig Jahren.

Sobald er den Pater sah, erhob er sich, um ihm die Hand zu küssen.

»Bleiben Sie sitzen«, sagte der Pater. »Sie müssen sich noch schonen.«

»Ich habe schon mehrere Pfund zugenommen«,

entgegnete der Mann. »Doch meiner Frau kann ich noch nicht wieder helfen.«

»Machen Sie sich keine Sorgen. Bald wird es Ihnen besser gehen als je zuvor.«

»Wo ist der junge Mann?« fragte der Mann.

»Ich sah ihn vorbeikommen, in der Richtung, in die er immer geht«, sagte die Frau. »Nur fuhr er heute im Auto.«

Der Pater blickte mich wortlos an.

»Segnen Sie uns, Pater«, sagte die Frau. »Seine Kraft –«

»– die Kraft der Heiligen Jungfrau«, unterbrach sie der Pater.

»...die Kraft der Heiligen Jungfrau ist auch Ihre Kraft. Sie haben ihn hierhergebracht.«

Diesmal wich der Pater meinem Blick aus.

»Segnen Sie meinen Mann, Pater«, beharrte die Frau. »Sprechen Sie ein Gebet für ihn.«

Der Pater holte tief Luft.

»Stellen Sie sich vor mich«, sagte er zum Mann.

Der Alte gehorchte. Der Pater schloß die Augen und betete ein Ave-Maria. Dann rief er den Heiligen Geist an und bat ihn, anwesend zu sein und diesem Mann zu helfen.

Plötzlich sprudelten die Worte aus ihm hervor. Obwohl ich nicht recht verstand, was er sagte, klang es wie ein Exorzismusgebet. Seine Hände berührten die Schultern des Mannes und strichen über dessen Arme. Er wiederholte diese Geste mehrfach.

Das Feuer im Kamin prasselte lauter. Es konnte ein Zufall sein, doch vielleicht begab sich jetzt der Pater in Bereiche, die ich nicht kannte – und die die Elemente beeinflußten.

Die Frau und ich fuhren jedesmal zusammen, wenn ein Holzscheit knackte. Der Pater bemerkte es nicht. Er war in sein Tun versunken – ein Werkzeug der Heiligen Jungfrau, wie er zuvor gesagt hatte. Er redete in fremden Zungen. Seine Hände lagen jetzt reglos auf den Schultern des Mannes vor ihm.

So unvermittelt, wie es begonnen hatte, endete das Ritual. Der Pater wandte sich um und sprach den üblichen Segen, indem er mit der rechten Hand das Zeichen des Kreuzes machte.

»Gott möge immer in diesem Hause sein«, sagte er.

Und indem er sich mir zuwandte, bat er mich, unsere Wanderung fortzusetzen.

»Aber Sie haben Ihren Kaffee noch nicht getrunken«, sagte die Frau, als sie uns hinausbegleitete.

»Wenn ich jetzt Kaffee trinke, kann ich später nicht schlafen«, antwortete der Pater.

Die Frau lachte und murmelte so etwas wie: »Aber es ist doch erst Morgen.« Ich konnte es nicht genau hören, denn wir standen schon wieder auf der Straße.

»Pater, die Frau sagte, ein junger Mann habe Ihren Mann geheilt. War er es?«

»Ja, er war es.«

Mir wurde schwindlig. Ich erinnerte mich an gestern, an Bilbao, den Vortrag in Madrid, an die Leute, die von Wundern gesprochen hatten, an eine Präsenz von etwas, die ich gefühlt hatte, während ich mit den anderen einen Kreis bildete.

Ich liebte also einen Mann, der heilen konnte. Einen Mann, der seinem Nächsten diente, Leid linderte, dem Kranken Gesundheit und dessen Verwandten wieder Hoffnung geben konnte. Das war eine Aufgabe, die nicht in ein Haus mit weißen Gardinen und Lieblingsplatten und -büchern paßte.

»Fühlen Sie sich nicht schuldig, mein Kind«, sagte er.

»Sie lesen meine Gedanken.«

»Ja, das tue ich«, entgegnete der Pater. »Auch ich habe eine Gabe und versuche ihrer würdig zu sein. Die Heilige Jungfrau hat mich gelehrt, in den Strudel der menschlichen Gefühle einzutauchen, um diese so gut wie möglich zu leiten.«

»Sie tun auch Wunder.«

»Ich kann nicht heilen. Aber ich habe eine der Gaben des Heiligen Geistes.«

»Sie können also in meinem Herzen lesen, Pater. Und Sie wissen, daß ich ihn liebe und daß diese Liebe mit jedem Augenblick wächst. Wir haben die Welt gemeinsam entdeckt und sind gemeinsam in dieser Welt geblieben. Jeden Tag in meinem Leben ist er bei mir gewesen – ob ich es wollte oder nicht.«

Was sollte ich diesem Pater sagen, der neben mir herging? Würde er je verstehen, daß ich andere Männer gehabt, mich verliebt hatte und, wenn ich geheiratet hätte, glücklich geworden wäre? Als ich auf einem Platz in Soria die Liebe entdeckt und verdrängt hatte, war ich noch ein Kind gewesen.

Doch offensichtlich hatte ich sie nicht genügend verdrängt. Drei Tage hatten ausgereicht, und alles hatte mich wieder eingeholt.

»Ich habe ein Recht darauf, glücklich zu sein, Pater. Ich habe das wiederbekommen, was verloren war, ich will es nicht wieder verlieren. Ich werde um mein Glück kämpfen. Wenn ich den Kampf aufgebe, werde ich auch mein spirituelles Leben aufgeben. Wie Sie schon sagten, würde das bedeuten, daß ich damit auch Gott, meine Macht und meine Kraft als Frau von mir weise. Ich werde um ihn kämpfen, Pater.«

Ich wußte, warum dieser kleine, dicke Mann hier war. Er war gekommen, um mich davon zu überzeugen, ihn aufzugeben, weil er eine wichtigere Aufgabe zu erfüllen hatte.

Nein, nein, ich kaufte dem Pater, der da neben mir herging, seine Geschichte nicht ab, daß er wollte, daß wir heirateten, um dann in einem Haus wie jenem in Saint-Savin zu wohnen. Das sagte er nur, um mich zu täuschen, damit ich nicht mehr auf der Hut war und mich von seinem Lächeln vom Gegenteil überzeugen ließ.

Er las meine Gedanken, ohne etwas dazu zu sagen. Aber vielleicht irrte ich mich ja, vielleicht konnte er doch nicht erraten, was die anderen dachten. Der Nebel löste sich schnell auf, und ich konnte jetzt den Weg, den Hang, die schneebedeckten Felder und Bäume erkennen. Auch meine Gefühle waren nicht mehr so verschwommen.

Unsinn! Wenn es wahr war und der Pater tatsächlich Gedanken lesen konnte: dann sollte er sie doch lesen und alles wissen. Sollte er doch wissen, daß er gestern mit mir schlafen wollte und ich mich verweigerte und es nun bereute.

Gestern dachte ich, ich könnte mich, wenn er

gehen müßte, an ihn immer als meinen alten Freund aus Kindheitstagen erinnern. Doch das waren Flausen. Auch wenn er körperlich nicht in mich eingedrungen war, so war etwas viel Tieferes in mich eingedrungen und hatte mein Herz getroffen.

»Pater, ich liebe ihn«, sagte ich noch einmal.

»Ich auch. Die Liebe ist immer töricht. In meinem Falle zwingt sie mich dazu, zu versuchen, ihn von seinem Schicksal abzuhalten.«

»Es wird nicht leicht sein, mich fernzuhalten, Pater. Gestern erfuhr ich während der Gebete vor der Grotte, daß auch ich fähig bin, diese Gaben in mir zu erwecken, von denen Sie sprechen. Und ich werde sie dazu nutzen, um ihn bei mir zu behalten.«

»Nun denn«, sagte der Pater mit einem feinen Lächeln. »Hoffentlich gelingt es Ihnen.«

Der Pater blieb stehen, zog seinen Rosenkranz aus der Tasche. Dann blickte er mir, während er ihn in der Hand hielt, in die Augen.

»Jesus hat zwar gesagt, du sollst nicht schwören. Und ich schwöre auch nicht. Aber ich sage Ihnen in Anwesenheit dessen, was mir heilig ist, daß es nicht mein Wunsch ist, daß er das Klosterleben fortführt. Ich möchte nicht, daß er zum Priester geweiht wird. Er kann Gott auf andere Weise dienen. Mit Ihnen an seiner Seite.«

Mir fiel es schwer zu glauben, daß er die Wahrheit sagte. Doch er tat es.

»Er war hier«, sagte der Pater.

Ich wandte mich um. Vor uns sah ich in einiger Entfernung einen Wagen stehen. Den Wagen, mit dem wir aus Spanien gekommen waren.

»Sonst kommt er immer zu Fuß«, meinte er lächelnd. »Diesmal wollte er uns glauben lassen, daß er weit weggereist sei.«

Der Schnee durchnäßte meine Turnschuhe. Aber da der Pater offene Sandalen mit Wollstrümpfen trug, wollte ich mich nicht beklagen.

Wenn er das aushalten konnte, konnte ich es auch. Wir begannen unseren Aufstieg zum Gipfel.

»Wie lange müssen wir noch wandern?«

»Höchstens eine halbe Stunde.«

»Wohin gehen wir?«

»Zu ihm. Und den anderen.«

Ich spürte, daß er nicht weiter darüber reden wollte. Vielleicht aber brauchte er auch all seine Kraft für den Aufstieg. Wir gingen schweigend –

der Nebel hatte sich inzwischen fast aufgelöst, und aus ihm trat die Sonne wie eine goldene Scheibe hervor.

Zum ersten Mal sah ich das Tal: einen Fluß, einige verstreute Ortschaften, und, an den Abhang gebaut, Saint-Savin. Ich erkannte den Kirchturm, einen Friedhof, der mir vorher nicht aufgefallen war, und die mittelalterlichen Häuser, von denen aus man auf den Fluß blicken konnte.

Etwas unterhalb von uns trieb ein Hirte seine Herde durch den Ort, durch den wir eben gekommen waren.

»Ich bin müde«, sagte der Pater. »Lassen Sie uns einen Augenblick Rast machen.«

Wir wischten den Schnee von einem Stein und lehnten uns dagegen. Der Pater schwitzte – seine Füße aber mußten tiefgefroren sein.

»Möge der heilige Jakobus mir Kraft geben, denn ich möchte diesen Weg noch einmal gehen«, sagte der Pater zu mir gewandt.

Ich wußte nicht, was er damit sagen wollte, und beschloß, von etwas anderem zu reden.

»Im Schnee sind Spuren«, sagte ich.

»Einige stammen von Jägern. Andere sind von den Männern und Frauen, die eine Tradition wiederaufleben lassen wollen.«

»Was für eine Tradition?«

»Die des heiligen Savinus. Sich aus der Welt zurückziehen, in diese Berge gehen und sich in Gottes Herrlichkeit versenken.«

»Pater, etwas kann ich einfach nicht begreifen. Bis gestern war ich mit einem Mann zusammen, der nicht wußte, ob er das priesterliche Leben oder die Ehe wählen soll. Heute erfahre ich nun noch, daß dieser Mann Wunder tut.«

»Wir alle tun Wunder«, sagte der Pater. »Jesus hat gesagt: Wenn ihr Glauben habt wie ein Senfkorn, so könnt ihr sagen zu diesem Berge: ›Hebe dich dorthin!‹, so wird er sich heben.«

»Ich will jetzt keine Religionsstunde, Pater. Ich liebe einen Mann und möchte gern mehr über ihn erfahren, ihn verstehen, ihm helfen. Mir ist es egal, was alle können oder nicht.«

Der Pater atmete tief durch. Einen Augenblick lang zögerte er, doch dann begann er:

»Einem Wissenschaftler, der auf einer Insel in Indonesien das Verhalten der Affen erforschte, gelang es, einem bestimmten Affenweibchen beizubringen, daß es die Kartoffeln in einem Fluß wusch, bevor es sie aß. Denn ohne Sand und Dreck schmeckten sie besser. Der Wissenschaftler, der dies nur getan hatte, weil er an einer Untersuchung über die Lernfähigkeit von Affen arbeitete, konnte nicht ahnen, was dann geschah: Er staunte, als er sah, daß die anderen Affen auf der Insel dieses Affenweibchen imitierten. Und eines Tages, als bereits eine bestimmte Anzahl von Affen gelernt hatte, die Kartoffeln zu waschen, fingen die Affen auf allen anderen Inseln des Archipels an, es ihnen gleichzutun. Das Allerverwunderlichste aber war, daß diese Affen es gelernt hatten, ohne Kontakt zu der Insel zu haben, auf der das Experiment durchgeführt wurde.«

Er schwieg einen Augenblick.

»Verstehen Sie, was ich meine?«

»Nein«, antwortete ich.

»Es gibt verschiedene wissenschaftliche Untersuchungen darüber. Gemeinhin lautet die Erklärung, daß, wenn eine bestimmte Anzahl von Menschen sich entwickelt, sich mit ihnen die gesamte Menschheit weiterentwickelt. Wir wissen nicht, wie viele Menschen dazu notwendig sind – doch wir wissen, daß es so ist.«

»Es ist wie bei der Geschichte von Maria der Unbefleckten Empfängnis«, sagte ich. »Sie erschien den Weisen im Vatikan und der ungebildeten Bäuerin.«

»Die Welt besitzt eine Seele, und es kommt der Augenblick, in dem diese Seele in allen Dingen und in allen Menschen gleichzeitig handelt.«

»Eine weibliche Seele.«

Er lachte, ohne mir zu sagen, was dieses Lachen bedeutete.

»Natürlich war das Dogma der Unbefleckten Empfängnis nicht etwas, was allein aus dem Vatikan kam«, sagte er. »Acht Millionen Menschen haben eine Petition an den Papst unterzeichnet. Die Unterschriften kamen aus allen Teilen der Welt. Die Sache lag in der Luft.«

»Ist dies der erste Schritt, Pater?«

»Wovon?«

»Auf dem Weg, auf den uns unsere Heilige Mutter Gottes führen wird, damit wir sie als das weibliche Antlitz Gottes erkennen? Wir haben schließlich schon anerkannt, daß Jesus sein männliches Antlitz ist.«

»Was wollen Sie damit sagen?«

»Wie lange wird es noch dauern, bis wir eine Heilige Dreifaltigkeit haben, in der die Frau vorkommt? Eine Dreifaltigkeit aus Heiligem Geist, der Mutter und dem Sohn?«

»Lassen Sie uns weitergehen«, sagte er. »Es ist zu kalt, um hier länger stehenzubleiben.«

»Vorhin haben Sie über meine Sandalen nachgedacht«, sagte er.

»Können Sie wirklich Gedanken lesen?«

Er gab mir darauf keine Antwort.

»Ich werde Ihnen die Geschichte der Gründung unseres Ordens erzählen«, sagte er. »Wir sind Barfüßige Karmeliter nach den von Teresa von Avila aufgestellten Regeln. Die Sandalen gehören dazu. Wer den Körper beherrschen kann, kann auch den Geist beherrschen.

Teresa war eine schöne Frau, die vom Vater ins Kloster geschickt wurde, damit sie dort eine gute Bildung erhielt. Eines schönen Tages, als sie durch einen Flur ging, begann sie mit Jesus zu sprechen. Ihre Ekstasen waren so stark und tief, daß sie sich ihnen vollkommen hingab. Nicht lange, und ihr Leben änderte sich von Grund auf. Als sie sah, daß die Karmeliterklöster zu Heiratsagenturen verkommen waren, beschloß sie, einen Orden zu schaffen, der den ursprünglichen Lehren Christi und des Karmels folgte.

Die heilige Teresa mußte sich erst selbst besiegen und sich dann den Großmächten ihrer Zeit stellen: der Kirche und dem Staat. Weil sie aber von ihrer Mission überzeugt war, ließ sie sich von nichts abhalten.

Eines Tages, als ihre Seele schwach wurde, erschien eine in Lumpen gehüllte Frau vor dem Haus, in dem sie untergebracht war. Sie wollte, koste es, was es wolle, mit der Mutter Oberin sprechen. Der Hausbesitzer bot ihr ein Almosen an, doch sie lehnte es ab: Sie würde erst gehen, wenn sie mit Teresa gesprochen hätte.

Drei Tage lang wartete sie vor dem Haus und aß nicht und trank nicht. Die Mutter Oberin, die Mitleid mit ihr empfand, ließ sie schließlich hereinkommen.

›Tut es nicht‹, sagte der Hausherr. ›Sie ist verrückt.‹

›Wenn ich auf alle hören würde, müßte ich glauben, daß ich verrückt bin‹, antwortete die Mutter Oberin. ›Vielleicht leidet diese Frau unter derselben übermäßigen Liebe wie ich: der zu Christus am Kreuz.‹

»Die heilige Teresa redete also mit Christus«, sagte ich.

»Ja«, antwortete er. »Aber zurück zu unserer Geschichte. Jene Frau wurde von der Mutter Oberin empfangen. Sie sagte, sie heiße Maria de Jesus Yepes und sei aus Granada. Sie sei Karmeliter-Novizin gewesen, als ihr die Heilige Jungfrau erschienen sei und ihr aufgetragen habe, ein Kloster gemäß den ursprünglichen Regeln des Ordens zu gründen.«

›Wie die heilige Teresa‹, dachte ich.

»Maria de Jesus verließ an dem Tag, an dem sie diese Vision hatte, das Kloster und ging barfuß nach Rom. Ihre Pilgerwanderung dauerte zwei Jahre – in denen sie unter freiem Himmel schlief, unter Kälte und Hitze litt und von den Almosen und der Barmherzigkeit anderer lebte. Es war ein Wunder, daß sie überhaupt bis dorthin gelangte. Und ein noch größeres Wunder, daß sie von Papst Pius IV. empfangen wurde.«

»Denn der Papst hatte wie Teresa und viele andere Menschen dasselbe gedacht«, schloß ich.

Genau wie Bernadette, die nichts vom Beschluß des Vatikans gewußt hatte, so wie auch die Affen von den anderen Inseln von dem Experiment, das durchgeführt wurde, nichts wissen konnten, genau wie Maria de Jesus und Teresa voneinander nichts wußten.

Etwas begann allmählich Sinn zu machen.

Wir gingen nun durch einen Wald. Die höchsten, trockenen, schneebedeckten Zweige wurden von den ersten Sonnenstrahlen beschienen. Der Nebel hatte sich jetzt vollkommen aufgelöst.

»Ich weiß, worauf Sie hinauswollen, Pater.«

»Ja. Die Welt erlebt einen Augenblick, in dem viele Menschen denselben Auftrag erhalten.«

»Folgt euren Träumen, macht, daß euer Leben ein Weg zu Gott werde. Verwirklicht seine Wunder. Heilt. Macht Prophezeiungen. Hört auf euren Schutzengel. Verändert euch. Seid Kämpfer, und seid glücklich in eurem Kampf.«

»Riskiert etwas.«

Die Sonne übergoß alles mit ihrem gleißenden Licht, der glitzernde Schnee schmerzte mich in den Augen, als wollte er die Worte des Paters bekräftigen.

»Und was hat dies mit ihm zu tun?«

»Ich habe Ihnen die heroische Seite der Geschichte erzählt. Doch Sie wissen nichts über die Seele dieser Helden.« Er machte eine lange Pause. »Über das Leiden«, fuhr er fort. »Veränderungen schaffen Märtyrer. Bevor die Menschen ihren Träumen folgen können, müssen andere sich opfern. Sie nehmen es auf sich, lächerlich gemacht, verfolgt, in Mißkredit gebracht zu werden.«

»Die Kirche hat die Hexen verbrannt, Pater.«

»Ja. Und Rom hat die Christen den Löwen zum Fraß vorgeworfen. Diejenigen, die auf dem Scheiterhaufen oder in der Arena gestorben sind, stiegen schnell zur Ewigen Herrlichkeit Gottes auf – das war besser so. Doch heute widerfährt den Kriegern des Lichtes etwas Schlimmeres als der ehrenvolle Tod der Märtyrer. Sie werden ganz allmählich von der Scham und der Erniedrigung aufgefressen. So geschah es mit der heiligen Teresa, die den Rest ihres Lebens leiden mußte. So erging es Maria de Jesus. So erging es auch den fröhlichen Kindern von Fátima: Jacinta und Francisco starben wenige Monate später. Lúcia ging in ein Kloster, das sie nie wieder verließ.«

»Aber Bernadette erging es nicht so.«

»Aber ja doch. Sie mußte Gefängnis, Erniedrigung und Ablehnung erfahren. Er wird Ihnen dies alles erzählt haben. Er wird Ihnen von den Worten der Erscheinung berichtet haben.«

»Von einigen.«

»Die Sätze, die die Heilige Jungfrau bei ihren Erscheinungen in Lourdes sprach, füllen nicht einmal eine halbe Heftseite. Die Heilige Jungfrau hat aber auch dem Hirtenmädchen gesagt: ›Ich verspreche nicht das Glück auf dieser Erde.‹ Von den wenigen

Sätzen, die die Erscheinung sagte, war einer dazu bestimmt, Bernadette zu warnen und zu trösten. Warum? Weil Sie wußte, welcher Schmerz das Mädchen in Zukunft erwartete, wenn es seine Mission auf sich nahm.«

Ich blickte auf die Sonne, den Schnee und die kahlen Bäume.

»Er ist ein Revolutionär«, fuhr der Pater fort, und seine Stimme klang demütig. »Er hat die Macht, er redet mit der Heiligen Jungfrau. Wenn es ihm gelingt, seine Energie zu konzentrieren, dann kann er zu den Ersten gehören, einer der Führer der spirituellen Veränderung der Menschheit werden. Die Welt durchlebt einen äußerst wichtigen Augenblick.

Wählt er allerdings diesen Weg, erwartet ihn viel Leid. Seine Offenbarungen sind verfrüht. Ich kenne die menschliche Seele gut genug, um zu wissen, was ihn erwartet.«

Der Pater wandte sich mir zu, packte mich an den Schultern.

»Bitte«, sagte er. »Halten Sie ihn vom Leiden und der Tragödie ab, die ihn erwarten. Er wird ihnen nicht gewachsen sein.«

»Ich verstehe, wie sehr Sie ihn lieben, Pater.«

Er schüttelte den Kopf.

»Nein, nichts verstehen Sie. Sie sind noch zu jung,

um die Bosheit der Welt zu kennen. Sie sehen sich im Augenblick auch als Revolutionärin. Sie wollen zusammen mit ihm die Welt verändern, Wege eröffnen, alles tun, damit Ihre Liebesgeschichte zu einer Art Legende wird, die von einer Generation an die andere weitergereicht wird. Sie glauben noch immer, daß die Liebe siegen kann.«

»Und kann sie es denn nicht?«

»Doch. Allerdings erst, wenn die Zeit dafür reif ist. Dann, wenn die himmlischen Schlachten beendet sind.«

»Ich liebe ihn. Und muß nicht auf den Sieg meiner Liebe warten, bis die himmlichen Schlachten ausgetragen sind.«

Sein Blick schweifte in die Ferne.

»*An den Wassern zu Babel saßen wir und weinten*«, sagte er, als würde er zu sich sprechen. »*Unsere Harfen hängten wir an die Weiden dort im Lande.*«

»Wie traurig«, meinte ich.

»Es sind die ersten Zeilen eines Psalms. Er spricht vom Exil, von denen, die in das Gelobte Land zurückwollen und es nicht können. Und dieses Exil wird noch einige Zeit dauern. Was aber kann ich tun, um zu verhindern, daß jemand leidet, der zu früh in das Paradies zurückkehren will?«

»Nichts, Pater. Überhaupt nichts.«

»Da ist er«, sagte der Pater.

Ich sah ihn. Er kniete etwa zweihundert Meter von uns entfernt im Schnee. Er war in Hemdsärmeln, und ich konnte sogar aus dieser Entfernung erkennen, daß seine Haut rot vor Kälte war.

Er hielt den Kopf gesenkt, die Hände zum Gebet gefaltet. Ich weiß nicht, ob es wegen des Rituals war, an dem ich in der vergangenen Nacht teilgenommen hatte, oder wegen der Brennholz sammelnden Frau bei der Hütte, aber ich spürte, daß ich jemanden betrachtete, von dem eine ungeheure spirituelle Kraft ausging. Jemand, der nicht mehr dieser Welt angehörte, jemand, der eins mit Gott war und den erleuchteten Geistern des Himmels. Der gleißende Schnee verstärkte diesen Eindruck noch.

»Auf diesem Berg sind noch andere wie er«, sagte der Pater. »In ständigem Gebet versunken, teilen sie miteinander die Erfahrung, eins mit Gott und der Heiligen Jungfrau zu sein, lauschen sie den Engeln, den Heiligen und den Prophezeiungen und geben dies an eine kleine Gruppe von Gläubigen weiter. Solange er nur das tut, wird er keine Schwierigkeiten bekommen. Doch wird er es nicht dabei belassen. Er wird durch die Welt ziehen und die Lehre von der Großen Mutter verbreiten. Die Kirche duldet das jetzt noch nicht. Viele stehen schon bereit, um jeden zu steinigen, der dieses Thema berührt.«

»Aber diejenigen, die ihnen folgen, werden mit einem Blumenregen begrüßt werden.«

»Ja. Aber er noch nicht.«

Der Pater schritt weiter auf ihn zu.

»Wohin gehen Sie?«

»Ich werde ihn aus seiner Trance wecken. Ihm sagen, daß Sie mir gefallen haben und daß ich Ihrer Verbindung meinen Segen gebe. Ich möchte das hier tun, an diesem Ort, der ihm heilig ist.«

Mir wurde schlecht, Angst schnürte mir die Kehle zu, doch warum ich diese Angst verspürte, konnte ich mir nicht erklären.

»Ich muß nachdenken, Pater. Ich bin mir nicht sicher, ob das richtig ist.«

»Es ist nicht richtig«, antwortete er. »Viele Eltern handeln falsch an ihren Kindern, weil sie glauben, sie wüßten, was für sie das Beste ist. Ich bin nicht sein Vater und weiß, daß ich nicht richtig handle. Dennoch muß ich mein Schicksal erfüllen.«

»Stören Sie ihn nicht«, sagte ich. »Lassen Sie ihn selbst aus seiner Versenkung herausfinden.«

»Er sollte nicht hier sein. Er sollte bei Ihnen sein.«

»Vielleicht spricht er mit der Heiligen Jungfrau.«

»Mag sein. Dennoch muß ich zu ihm. Wenn er mich mit Ihnen zusammen sieht, weiß er, daß ich Ihnen alles erzählt habe. Er weiß, was ich darüber denke.«

»Heute ist der Tag der Unbefleckten Empfängnis«, beharrte ich. »Für ihn ist das ein ganz besonderer Tag. Ich habe seine Freude gestern nacht vor der Grotte miterlebt.«

»Die Unbefleckte Empfängnis ist für uns alle wichtig«, antwortete der Pater. »Aber jetzt will ich mich nicht über Religion streiten: Gehen wir zu ihm.«

»Warum jetzt, Pater? Warum ausgerechnet jetzt?«

»Weil er dabei ist, die Entscheidung über seine Zukunft zu treffen. Und es könnte sein, daß er sich für den falschen Weg entscheidet.«

Ich wandte mich um und begann den Weg hinunterzugehen, den wir heraufgekommen waren.

»Was tun Sie? Sehen Sie denn nicht, daß Sie die einzige sind, die ihn retten können? Sehen Sie nicht, daß er Sie liebt und für Sie alles aufgeben würde?«

Ich ging schneller, er hatte Mühe, mir zu folgen, und doch blieb er mir dicht auf den Fersen.

»Jetzt ist der Augenblick, in dem er sich entscheidet! Vielleicht entscheidet er sich gegen Sie!« sagte der Pater. »Kämpfen Sie um das, was Sie lieben!«

Doch ich ging weiter. Ich ging, so schnell ich konnte, ließ das Gebirge, den Pater, die Entscheidungen hinter mir. Der Mann, der hinter mir herlief, las meine Gedanken, daher mußte er wissen, daß er mich nicht umstimmen konnte. Dennoch ließ er nicht locker, argumentierte, kämpfte bis zum Ende.

Schließlich gelangten wir zu dem Stein, bei dem wir eine halbe Stunde zuvor gerastet hatten. Erschöpft warf ich mich auf den Boden.

Ich dachte an nichts. Ich wollte nur weg, allein sein, Zeit haben, um nachzudenken.

Der Pater kam wenige Minuten später. Auch er war von dem Weg erschöpft.

»Sehen Sie die Berge ringsum?« fragte er. »Sie beten nicht; sie sind bereits Gottes Gebet. Sie sind es, weil sie ihren Platz in der Welt gefunden haben und dort bleiben. Sie waren schon dort, bevor der Mensch in den Himmel blickte, den Donner hörte und sich fragte, wer dies alles geschaffen hat. Wir werden geboren, leiden, sterben, aber die Berge bleiben unverändert an ihrem Platz. Irgendwann in unserem Leben kommt der Augenblick, in dem wir uns fragen, ob sich die ganze Anstrengung überhaupt lohnt. Warum versuchen wir nicht zu sein wie diese Berge – weise, alt und an dem Platz, der uns entspricht? Warum alles aufs Spiel setzen, um ein halbes Dutzend Menschen zu verändern, die doch schnell wieder vergessen, was sie gelehrt wurden, und zu neuen Abenteuern aufbrechen? Warum nicht warten, bis eine bestimmte Anzahl Affenmenschen Wissen erworben hat und dieses, ohne Leiden zu verursachen, auf alle anderen Inseln übergeht?«

»Glauben Sie das wirklich, Pater?«

Er schwieg eine Weile.

»Lesen Sie Gedanken?«

»Nein. Aber wenn Sie das wirklich glaubten, hätten Sie nicht das Priesterleben gewählt.«

»Ich versuche immer wieder, mein Schicksal zu begreifen«, sagte er. »Und es gelingt mir nicht. Ich habe eingewilligt, unter dem Banner Gottes zu kämpfen, und ich habe unablässig versucht, den Menschen zu erklären, warum es Elend, Schmerz und Ungerechtigkeit gibt. Ich bitte sie, gute Christen zu sein, und sie fragen mich: ›Wie kann ich an Gott glauben, wo es so viel Leid auf der Welt gibt?‹ Und ich versuche ihnen zu erklären, daß es keine Erklärung dafür gibt. Ich versuche ihnen zu sagen, daß es einen Plan gibt, einen Kampf zwischen den Engeln, und daß wir in diesen Kampf verwickelt sind. Ich versuche ihnen zu sagen, daß in dem Augenblick, wo der Glaube einer bestimmten Anzahl von Menschen stark genug ist, um dieses Szenario zu verändern, diese Veränderung allen anderen Menschen überall auf der Welt zugute kommen wird. Doch sie glauben mir nicht. Sie tun nichts.«

»Sie sind wie die Berge«, sagte ich. »Die Berge sind schön. Wer vor ihnen steht, kann nicht umhin, an die Größe der Schöpfung zu denken. Sie sind lebende Beweise für die Liebe, die Gott für uns empfindet, doch die Bestimmung dieser Berge ist es, nur Zeugnis für diese Liebe abzulegen. Sie sind nicht wie die Flüsse, die sich bewegen und die Landschaft verändern.«

»Ja. Aber warum nicht sein wie sie?«

»Weil das Schicksal der Berge ein hartes Schicksal ist«, antwortete ich. »Sie sind gezwungen, immer dieselbe Landschaft anzuschauen.«

Der Pater sagte darauf nichts.

»Ich habe studiert, um ein Berg zu werden«, fuhr ich fort. »Jedes Ding hatte seinen Platz. Ich wollte Beamtin werden, heiraten, meine Kinder im Glauben meiner Eltern erziehen, obwohl ich ihn selbst verloren hatte. Heute bin ich entschlossen, dies alles aufzugeben und dem Mann zu folgen, den ich liebe. Zum Glück habe ich aufgehört, ein Berg sein zu wollen, lange hätte ich es nicht mehr ausgehalten.«

»Das sind sehr weise Worte.«

»Ich wundere mich selbst. Vorher konnte ich nur über meine Kindheit sprechen.«

Ich erhob mich und ging weiter den Berg hinunter. Der Pater respektierte mein Schweigen und redete nicht mit mir, bis wir unten an der Straße angelangt waren.

Dort nahm ich seine Hände und küßte sie.

»Ich möchte mich verabschieden. Aber ich möchte Ihnen auch sagen, daß ich Sie und Ihre Liebe zu ihm verstehe.«

Der Pater lächelte und gab mir den Segen.

»Und ich verstehe *Ihre* Liebe zu ihm.«

Den Rest des Tages durchwanderte ich das Tal. Ich spielte mit dem Schnee, aß in einem Städtchen in der Nähe von Saint-Savin einen Sandwich mit Paté, schaute ein paar Jungen beim Fußballspielen zu.

In der Kirche einer anderen Ortschaft zündete ich eine Kerze an. Ich schloß die Augen und wiederholte die Gebete, die ich am Vortag gelernt hatte. Dann begann ich, in die Betrachtung eines Kruzifixes über dem Altar versunken, sinnlose Worte zu sprechen. Ganz allmählich nahm der Heilige Geist von mir Besitz, und ich begann in fremden Zungen zu reden. Es war einfacher, als ich gedacht hatte.

Es mochte unsinnig anmuten, Sinnloses zu murmeln, fremde Worte auszusprechen, die unserem Verstand nichts sagen. Doch der Heilige Geist sprach zu meiner Seele, sagte ihr Dinge, die sie hören mußte.

Als ich mich ausreichend gereinigt fühlte, schloß ich die Augen und betete:

»Heilige Mutter Gottes, gib mir meinen Glauben zurück. Damit auch ich ein Werkzeug Deiner Arbeit werde. Gib mir die Gelegenheit, durch meine Liebe zu lernen. Denn nicht die Liebe läßt jemanden seine Träume aufgeben. Laß mich die Gefährtin und Verbündete des Mannes sein, den ich liebe. Laß ihn alles tun, was er zu tun hat – an meiner Seite.«

Als ich nach Saint-Savin zurückkehrte, war es fast dunkel. Das Auto stand vor dem Haus, in dem wir ein Zimmer gemietet hatten.

»Wo warst du?« fragte er, als er mich sah.

»Ich bin herumgewandert und habe gebetet«, antwortete ich.

Er nahm mich in die Arme und drückte mich fest an sich.

»Ich fürchtete schon, du könntest fort sein. Du bist das Kostbarste, was ich auf dieser Erde habe.«

»Du auch«, antwortete ich.

Wir hielten in einer Ortschaft in der Nähe von San Martín de Unx. Die Fahrt über die Pyrenäen hatte wegen des Regens und des Schneefalls am Vortag länger gedauert, als wir gedacht hatten.

»Wir müssen ein offenes Restaurant finden«, sagte er und sprang aus dem Wagen. »Ich habe Hunger.«

Ich rührte mich nicht.

»Komm«, drängte er und hielt meine Tür auf.

»Ich möchte dich etwas fragen. Etwas, was ich dich, seit wir uns getroffen haben, nicht gefragt habe.«

Er wurde plötzlich ernst. Ich lachte über sein sorgenvolles Gesicht.

»Ist es eine wichtige Frage?«

»Eine sehr wichtige Frage«, antwortete ich und versuchte ernst zu bleiben. »Die Frage lautet: Wohin fahren wir eigentlich?«

Wir prusteten los.

»Nach Saragossa«, antwortete er erleichtert.

Ich sprang aus dem Wagen, und wir begannen unsere Suche nach einem geöffneten Restaurant. Die Chancen standen schlecht um diese Zeit.

›Doch, wir finden eins. Die Andere ist nicht mehr bei mir. Wunder geschehen wirklich‹, sagte ich mir.

»Wann mußt du in Barcelona sein?« fragte ich.

Er antwortete nicht, und sein Gesicht wurde wieder ganz ernst.

›Ich muß mir diese Fragen verkneifen‹, dachte ich. ›Sonst denkt er womöglich, ich will sein Leben kontrollieren.‹

Wir gingen eine Weile schweigend nebeneinanderher. Auf dem Platz der kleinen Stadt leuchteten die Buchstaben: Mesón El Sol.

»Ein offenes Restaurant. Laß uns was essen«, war sein einziger Kommentar.

Rote Paprikaschoten mit Anchovis waren auf dem Teller in Sternform angeordnet. Daneben lagen fast durchsichtige Scheiben Manchego-Käse und Serrano-Schinken.

Mitten auf dem Tisch stand eine brennende Kerze und eine fast halbvolle Flasche Rioja.

»Hier wurde schon im Mittelalter Wein ausgeschenkt«, erklärte uns der junge Kellner.

Außer uns war kaum jemand um diese Zeit in der Kneipe. Er stand auf, ging zum Telefon und kam zu unserem Tisch zurück. Ich hätte ihn gern gefragt, wen er angerufen hatte, doch diesmal hielt ich an mich.

»Wir haben bis halb drei Uhr in der Früh geöffnet«, fuhr der junge Mann fort. »Soll ich Ihnen noch etwas Schinken, Käse und Wein bringen? Sie können draußen auf dem Platz sitzen. Der Alkohol wärmt Sie dann schon.«

»Wir können nicht so lange bleiben«, antwortete er. »Wir müssen vor Tagesanbruch in Saragossa sein.«

Der junge Mann stellte sich wieder hinter den Tresen. Wir füllten unsere Gläser nach. Ich spürte mich gelöst wie in Bilbao, die gleiche rauschhafte Beschwingtheit, die ich dem Rioja verdankte und die es einem leichter machte, schwierige Dinge zu sagen und zu hören.

»Du bist sicher müde vom Fahren, und jetzt trinken wir auch noch Wein«, sagte ich nach einem weiteren Schluck. »Wir bleiben besser hier.

Ich habe auf dem Weg hierher einen Parador* gesehen.«

Er nickte.

»Schau auf unseren Tisch«, war sein Kommentar.
»Die Japaner nennen das *shibumi:* die Raffinesse
des Einfachen. Die Leute verdienen sich dumm und
dusselig, gehen in sündhaft teure Restaurants und
finden sich ›sophisticated‹.«

Ich schenkte mir noch mal ein.

Der Parador. Noch eine Nacht an seiner Seite.

Ich fühlte mich, als wäre ich noch nie mit einem
Mann zusammengewesen.

»Merkwürdig, ein Priesterschüler, der Worte wie
›sophisticated‹ im Munde führt«, sagte ich, um
nicht daran zu denken.

»Das habe ich im Seminar gelernt. Je mehr wir
uns durch den Glauben Gott nähern, desto einfacher wird Er. Und je einfacher Er wird, desto
stärker ist Seine Gegenwart.«

Seine Hand strich über die Tischplatte.

»Christus hat sich auf seine Mission vorbereitet,
indem er Holz sägte und Stühle, Betten, Schränke
baute. Er kam als Tischler, um uns zu zeigen, daß

---

* Von der spanischen Regierung in Hotels umgewandelte alte Burgen und historische Bauten (Anmerkung des Autors).

188

wir – gleichgültig, was wir tun – Gottes Liebe teilhaftig werden können.«

Plötzlich brach er ab.

»Doch darüber möchte ich jetzt nicht sprechen«, sagte er, »sondern über eine andere Art von Liebe.«

Seine Hände berührten mein Gesicht.

»Warum hast du plötzlich aufgehört zu reden? Warum willst du nicht von Gott sprechen, von der Heiligen Jungfrau, von Spiritualität?«

Er ließ sich nicht beirren: »Ich möchte von einer anderen Art Liebe reden, von der Liebe zwischen Mann und Frau, in der sich auch Wunder offenbaren.«

Ich ergriff seine Hände. Mochte er die großen Mysterien der Göttin kennen, mochte er noch so weit gereist sein – von der Liebe wußte er genausowenig wie ich.

Doch die Liebe fordert ihren Preis. In seinem Fall: die Initiative. Die Frau zahlt den noch höheren Preis, den der Hingabe.

Wir blieben lange Hand in Hand sitzen. Ich las die uralten Ängste in seinen Augen, die die wahre Liebe uns als Prüfung auferlegt, damit wir sie besiegen. Ich las darin die Erinnerung an die Abweisung der letzten Nacht, an die lange Zeit, die wir getrennt voneinander verlebt hatten, an die Jahre im Kloster, in der all dies nicht zugelassen war.

Ich las in seinen Augen die Tausende von Malen, in denen er sich diesen Augenblick vorgestellt hatte, die Szenarien, die er um uns beide gerankt hatte, meine Frisur, die Farbe des Kleides, das ich tragen würde. Ich wollte ›ja‹ sagen, sagen, daß er nicht abgewiesen werden würde, daß mein Herz die Schlacht gewonnen hatte. Ich wollte ihm sagen, wie sehr ich ihn liebte, wie sehr ich ihn in diesem Augenblick begehrte.

Doch ich schwieg. Ich sah wie im Traum seinen inneren Kampf. Sah, daß er sich vor meinem ›Nein‹ fürchtete, die Angst, mich zu verlieren, die harten Worte, die er in ähnlichen Situationen gehört hatte – denn wir alle haben so etwas erlebt und jedesmal eine Wunde davongetragen.

Seine Augen begannen zu strahlen. Ich wußte, daß er dabei war, all diese Hindernisse zu überwinden.

Da ließ ich eine seiner Hände los, nahm ein Glas und stellte es an den Rand des Tisches.

»Es wird hinunterfallen«, sagte er.

»Genau. Ich möchte, daß du es hinunterstößt.«

»Ein Glas zerbrechen?«

Ja, ein Glas zerbrechen. Eine auf den ersten Blick

einfache Geste, die jedoch Ängste weckte, die wir niemals genau begreifen werden. Was ist schon dabei, ein billiges Glas hinunterfallen zu lassen, aus Versehen haben wir das doch alle schon einmal getan.

»Ein Glas zerbrechen?« wiederholte er. »Warum?«

»Ich könnte es erklären«, antwortete ich. »Aber eigentlich geht es nur um das Zerbrechen.«

»Für dich?«

»Natürlich nicht.«

Er schaute auf das Glas an der Tischkante, fürchtete, es könnte hinunterfallen.

›Du würdest es ein Übergangsritual nennen‹, hätte ich gern gesagt. ›Es ist verboten. Gläser zerbricht man nicht einfach nur so. In einem Restaurant oder zu Hause achten wir immer darauf, daß ein Glas nicht zu nahe an der Tischkante steht. Unsere Umwelt erwartet von uns, daß wir aufpassen, daß die Gläser nicht auf den Boden fallen. Aber wenn wir sie dann doch aus Versehen zerbrechen, sehen wir, daß es halb so schlimm war. Der Kellner sagt 'das macht nichts', und ich habe in einem Restaurant noch nie erlebt, daß ein zerbrochenes Glas mit auf der Rechnung stand. Gläser zu zerbrechen gehört zu unserem Leben, und wir fügen damit weder uns noch dem Restaurant oder dem Nächsten einen Schaden zu.‹

Ich schlug auf den Tisch. Das Glas zitterte, fiel aber nicht hinunter.

»Vorsicht!« sagte er instinktiv.

Ich ließ nicht locker: »Stoß es hinunter!«

Zerbrich das Glas, dachte ich bei mir, weil es eine symbolische Geste ist. Begreif doch, daß ich in mir sehr viel wichtigere Dinge zerbrochen habe als ein Glas, und ich bin froh darüber. Sieh doch, wie du mit dir kämpfst, und zerbrich das Glas.

Unsere Eltern bringen uns nicht nur bei, mit Gläsern vorsichtig umzugehen, sondern auch mit unseren Körpern. Sie haben uns gepredigt, daß Jugendlieben unmöglich sind, daß wir Männer dem Priesterleben nicht abspenstig machen sollen, daß Menschen keine Wunder tun und niemand auf eine Reise geht, ohne zu wissen, wohin.

Zerbrich bitte dieses Glas, und befrei uns damit von all diesen verdammten Vorurteilen, dieser Manie, man müsse alles erklären und nur das tun, was die anderen gutheißen.

»Zerbrich dieses Glas«, bat ich abermals.

Er blickte mir fest in die Augen. Dann fuhr er mit der Hand über die Tischplatte, bis er es berührte. Mit einer raschen Bewegung stieß er es hinunter.

Das Klirren des zersplitternden Glases ließ alle aufhorchen. Anstatt sich zu entschuldigen, sah er mich lächelnd an – und ich lächelte zurück.

»Macht nichts«, rief der junge Kellner, der woanders bediente.

Doch er hörte nicht hin. Er war aufgestanden, hatte mich bei den Haaren gepackt und küßte mich.

Ich packte ihn auch bei den Haaren, drückte ihn an mich, biß seine Lippen, fühlte, wie seine Zunge sich in meinem Mund bewegte. Auf diesen Kuß hatte ich lange gewartet – er war an den Flüssen unserer Kindheit entstanden, als wir noch nicht wußten, was Liebe bedeutete. Auf den Kuß, der in der Luft lag, als wir älter wurden, der mit der Erinnerung an eine Medaille um die Welt reiste, der zwischen den Stapeln von Lehrbüchern für ein Staatsamt verlorenging. Auf einen Kuß, der so viele Male verlorenging und niemals wiedergefunden wurde. In dieser Minute, die der Kuß dauerte, lagen Jahre der Suche, der Enttäuschungen und unerfüllbarer Träume.

Ich küßte ihn so heftig wie er mich. Die wenigen Leute in der Bar werden geguckt und gedacht haben, daß sie nur einen Kuß sahen. Sie wußten nicht, daß in diesem Kuß mein ganzes Leben und sein ganzes Leben lag, das Leben all jener, die warteten, träumten und unter der Sonne ihren Weg suchten.

In diesem Kuß lag alle Freude, die ich je erlebt hatte.

Er entkleidete mich und drang kräftig, voller Angst und Begehren, in mich ein. Ich spürte einen leichten Schmerz, doch das war unwichtig. Ebenso unwichtig wie meine eigene Lust in diesem Augenblick. Ich strich über seinen Kopf, hörte sein Stöhnen und dankte Gott dafür, daß er da war, in mir, und mir das Gefühl gab, es wäre das erste Mal.

Wir liebten uns die ganze Nacht – und die Liebe vermischte sich mit Schlaf und Träumen. Ich fühlte ihn in mir und umarmte ihn, um mich zu versichern, daß dies alles wirklich geschah, damit er nicht plötzlich davonging wie die umherziehenden Ritter, die einst die Burg bewohnt hatten, die nun unser Hotel war. Die stillen Steinwände schienen Geschichten von wartenden Edelfräulein zu erzählen, von vergossenen Tränen und endlosen Tagen am Fenster, wo sie, nach einem Zeichen oder einer Hoffnung spähend, zum Horizont blickten.

Das würde ich nie durchmachen, versprach ich mir. Ich würde ihn nie wieder verlieren. Er würde immer bei mir sein – denn ich hatte die Stimmen des Heiligen Geistes gehört, während ich ein Kruzifix über einem Altar angeschaut hatte, und sie hatten mir gesagt, es sei keine Sünde.

Ich würde seine Gefährtin sein, und gemeinsam würden wir die Welt herausfordern, die wieder neu geschaffen werden sollte. Wir würden von der Großen Mutter sprechen, an der Seite des Erzengels Michaels kämpfen, wir würden gemeinsam die Qual und die Ekstase der Pioniere erleben. Das hatten mir die Stimmen gesagt – und ich hatte den Glauben wiedergefunden und wußte, daß sie die Wahrheit sagten.

Donnerstag, 9. Dezember 1993

Als ich aufwachte, lag sein Arm über meinen Brüsten. Es war bereits Tag, und die Glocken einer nahe gelegenen Kirche läuteten.

Er küßte mich. Seine Hände liebkosten abermals meinen Körper.

»Wir müssen aufbrechen«, sagte er. »Heute sind die Feiertage zu Ende, es wird ziemlich viel Verkehr geben.«

»Ich will nicht nach Saragossa«, antwortete ich. »Ich möchte dahin gehen, wo du hingehst. Die Banken öffnen gleich, ich kann mit meiner Karte Geld ziehen und mir Kleider kaufen.«

»Du hast gesagt, du hast nicht viel Geld.«

»Es wird schon irgendwie gehen. Ich muß gnadenlos mit meiner Vergangenheit brechen. Kehre ich nach Saragossa zurück, könnte ich dies alles verrückt finden, wieder an meine Prüfungen denken, die bald stattfinden, und es hinnehmen, zwei Monate lang von dir getrennt zu sein, bis das Examen vorbei ist. Und wenn ich es bestehe, will ich vielleicht nicht mehr aus Saragossa weg. Nein, ich kann nicht zurückkehren. Ich muß die Brücken zu der Frau abbrechen, die ich einmal war.«

»Barcelona«, sagte er leise, wie zu sich selbst.

»Wie bitte?«

»Ach, nichts. Wir fahren weiter.«

»Aber du mußt noch einen Vortrag halten.«

»Erst in zwei Tagen«, antwortete er. Seine Stimme klang eigenartig. »Wir fahren woandershin. Ich will nicht direkt nach Barcelona.«

Ich stand auf. Ich wollte nicht an Probleme denken. Vielleicht hatte er sich beim Aufwachen einfach nur gefühlt, wie man sich oft nach einer ersten Liebesnacht mit jemandem fühlt: etwas gehemmt und verlegen.

Ich ging zum Fenster, zog den Vorhang ein wenig zur Seite und sah auf die kleine Straße hinaus. Auf den Balkons hing Wäsche. Die Glocken läuteten noch immer.

»Ich habe eine Idee«, sagte ich. »Laß uns an einen Ort fahren, an dem wir als Kinder waren. Ich bin niemals dahin zurückgekehrt.«

»Wohin?«

»Laß uns zum Kloster von Piedra fahren.«

Als wir aus dem Hotel kamen, läuteten die Glocken immer noch, und er schlug vor, wir könnten kurz in die Kirche hineingehen.

»Wir haben bislang nichts anderes gemacht«, antwortete ich. »Kirchen, Gebete, Rituale.«

»Wir haben uns geliebt«, sagte er. »Wir haben uns dreimal betrunken. Wir sind in den Bergen gewandert. Wir haben Strenge und Barmherzigkeit im Gleichgewicht gehalten.«

Ich hatte etwas Dummes gesagt. Ich mußte mich an das neue Leben gewöhnen.

»Entschuldige«, sagte ich.

»Laß uns kurz hineingehen. Diese Glocken sind ein Zeichen.«

Er hatte recht, doch das würde ich erst am nächsten Tag begreifen. Ohne auf das geheime Zeichen zu achten, nahmen wir den Wagen und fuhren in vier Stunden zum Kloster von Piedra.

Die Decke war eingestürzt, und die wenigen Standbilder hatten keine Köpfe mehr – mit Ausnahme einer Statue.

Ich blickte um mich. Dieser Ort hatte gewiß

einst sehr willensstarke Menschen beherbergt, die darauf achteten, daß ein jeder Stein sauber und jede Bank von einem der Mächtigen jener Zeit besetzt war.

Doch jetzt lagen vor mir nichts als Ruinen. Die Ruinen, die sich in unserer Kindheit in Burgen verwandelt hatten, in denen wir zusammen spielten und in denen ich meinen verzauberten Prinzen suchte.

Jahrhundertelang hatten die Mönche des Klosters von Piedra dieses kleine Stück Paradies für sich behalten. Da es am Grunde einer Senke lag, besaß es das, worum die benachbarten Ortschaften betteln mußten: Wasser. Hier hatte der Rio Piedra Dutzende von Wasserfällen und Seen gebildet und so dazu beigetragen, daß ringsumher eine überbordende Vegetation entstanden war.

Doch nur wenige hundert Meter weiter, am Ausgang der Schlucht, herrschten Dürre und Trostlosigkeit. Der Fluß wurde, kaum hatte er die Senke verlassen, wieder zu einem kleinen Rinnsal, als wäre dort schon seine ganze Jugend und Kraft aufgebraucht.

Die Mönche wußten das und ließen sich das Wasser, das sie ihren Nachbarn verkauften, teuer bezahlen. Unzählige Kämpfe zwischen den Priestern und den umliegenden Dörfern prägten die Geschichte des Klosters.

Schließlich diente das Kloster von Piedra während eines der vielen Kriege, die Spanien erschütterten, als Kaserne. Pferde liefen durch das Hauptschiff, Soldaten kampierten zwischen den Bänken, erzählten sich dort schlüpfrige Witze und schliefen mit den Frauen aus den Nachbardörfern. Die wenn auch späte Rache war gekommen. Das Kloster wurde geplündert und zerstört.

Niemals erhielten die Mönche dieses Paradies zurück. Während eines der vielen vor Gericht ausgefochtenen Kämpfe sagte jemand, daß die Bewohner der benachbarten Ortschaften darin ein Gottesurteil sahen. Christus hatte gesagt: »Gebt dem zu trinken, den es dürstet«, und die Pater hatten sich diesen Worten gegenüber taub gestellt. Dafür hatte Gott die vertrieben, die sich für die Herren der Natur gehalten hatten.

Und vielleicht war deshalb die Kirche eine Ruine geblieben, obwohl der größte Teil des Klosters wiederaufgebaut und zu einem Hotel umgewandelt worden war. Die Nachkommen der Bevölkerung der umliegenden Dörfer hatten nie vergessen, welch hohen Preis ihre Vorfahren für etwas hatten zahlen müssen, das die Natur umsonst schenkt.

»Wen stellt das einzige Standbild dar, das noch einen Kopf hat?«

»Die heilige Teresa von Avila«, antwortete er. »Sie ist mächtig. Trotz aller Rachegelüste, die Kriege mit sich bringen, hat niemand gewagt, Hand an sie zu legen.«

Und er nahm mich bei der Hand, und wir gingen hinaus. Wir wandelten durch die endlosen Flure des Klosters, gingen breite Holztreppen hinauf und sahen die Schmetterlinge in den Innenhöfen. Ich erinnerte mich an jede Einzelheit dieses Klosters, denn dort war ich in meiner Kindheit gewesen, und die weit zurückliegenden Erinnerungen scheinen oft lebendiger zu sein als die kürzlich erworbenen.

Erinnerung. Der ganze letzte Monat schien wie alles vor dieser Woche einem anderen Leben anzugehören. Einer Epoche, in die ich nie wieder zurückkehren wollte, weil ihre Stunden nicht von der Hand der Liebe berührt worden waren. Ich fühlte mich so, als hätte ich jahrelang immer denselben Tag gelebt, als wäre ich immer gleich aufgewacht, hätte immer dasselbe getan und immer dieselben Träume gehabt.

Ich erinnerte mich an meine Eltern, an die Eltern meiner Eltern und an viele Freunde. Ich erinnerte mich daran, wieviel Zeit ich damit verbracht hatte, für etwas zu kämpfen, was ich nicht wirklich wollte.

Warum hatte ich das getan? Ich fand keine Erklärung. Vielleicht war ich zu faul gewesen, an andere Wege zu denken. Vielleicht war es die Angst gewesen, was die anderen denken könnten. Vielleicht weil es zu anstrengend war, anders zu sein. Vielleicht weil der Mensch dazu verdammt war, in die Fußspuren der vorangegangenen Generation zu treten, bis – und da erinnerte ich mich an den Klostervorsteher – eine bestimmte Anzahl von Menschen beginnt, sich anders zu verhalten.

Dann erst verändert sich die Welt, und wir verändern uns mit ihr.

Doch ich wollte nicht mehr so sein. Das Schicksal hatte mir zurückgegeben, was mir gehörte, und jetzt bot es mir die Möglichkeit, mich selbst zu verändern und dabei mitzuhelfen, die Welt zu verändern.

Ich dachte wieder an die Berge und die Bergsteiger, die wir auf unserer Wanderung getroffen hatten. Sie waren jung gewesen und bunt gekleidet, damit man sie fand, falls sie sich im Schnee verirrten, und sie kannten den Weg zum Gipfel genau.

An den Steilwänden waren schon Aluminiumschlaufen angebracht, sie mußten nur noch ihre Haken einklinken, um sich anzuseilen und sicher oben anzukommen. Sie waren zu einem Feiertagsabenteuer aufgebrochen und würden mit dem Gefühl an ihre Arbeitsplätze zurückkehren, die Natur herausgefordert und besiegt zu haben.

Doch sie machten sich etwas vor. Abenteurer waren diejenigen gewesen, die als erste beschlossen hatten, die Wege zu erkunden. Einige hatten es nicht einmal bis auf halbe Höhe geschafft und waren in Felsspalten gestürzt. Anderen waren die Finger abgefroren. Viele wurden nie wieder gesehen. Doch eines Tages schaffte es einer bis auf einen der Gipfel.

Seine Augen sahen als erste jene Landschaft, und sein Herz schlug schneller vor Freude. Er hatte die Gefahren auf sich genommen, und er ehrte mit seinem Sieg alle, die beim Versuch, den Gipfel zu bezwingen, das Leben verloren hatten.

Vielleicht dachten ja die Leute im Tal: ›Da oben ist doch gar nichts, nur Landschaft, lohnt sich das überhaupt?‹

Doch der erste Bergsteiger wußte, daß es sich lohnte, die Herausforderung anzunehmen und sich ihr zu stellen. Er wußte, daß kein Tag dem anderen gleicht und jeder Morgen sein eigenes Geheimnis besitzt, den magischen Augenblick, in dem alte Welten unter- und neue Sterne aufgehen.

Der erste Mensch, der jene Berge bestieg, muß sich die gleiche Frage gestellt haben, als er tief unten die kleinen Häuser mit ihren rauchenden Schornsteinen sah: »Ihre Tage gleichen einander, lohnt sich das überhaupt?«

Heute sind die Berge erobert, die Astronauten auf dem Mond gewesen, es gibt auf der Erde keine neue Insel zu entdecken – mag sie auch noch so klein sein. Doch die großen Abenteuer des Geistes gibt es noch immer – und eines bot sich mir jetzt. Es war ein Segen. Der Klostervorsteher hatte nichts begriffen. Dieser Schmerz tut nicht weh.

Selig sind die, die den ersten Schritt tun. Eines Tages werden die Leute wissen, daß Menschen fähig sind, die Sprache der Engel zu sprechen, daß wir alle die Gaben des Heiligen Geistes besitzen und daß wir Wunder tun, heilen, prophezeien, verstehen können.

Wir wanderten den ganzen Nachmittag in der Schlucht umher und ergingen uns in Kindheitserinnerungen. Heute machte er zum ersten Mal mit; auf unserer Fahrt nach Bilbao hatte er wenig Interesse an Soria gezeigt, aber jetzt fragte er mich nach jedem unserer Freunde, wollte alles genau wissen, ob sie glücklich waren, was sie so machten.

Wir gelangten schließlich zum größten Wasserfall des Rio Piedra, an dem das Wasser aller kleinen Bäche ringsum zusammenströmt und beinahe dreißig Meter tief hinunterstürzt. Wir blieben am Ufer stehen und hörten dem ohrenbetäubenden Rauschen zu, schauten auf den Regenbogen, der sich im feinen Nebel der großen Wasserfälle bildet.

»Der Pferdeschweif«, sagte ich, überrascht, daß ich den Namen nach so langer Zeit noch wußte.

»Ich erinnere mich...«, begann er.

»Ja! Ich weiß, was du sagen willst!«

Natürlich wußte er es! Der Wasserfall verbarg eine riesige Grotte. Als Kinder hatten wir nach unserem ersten Ausflug zum Kloster von Piedra tagelang darüber gesprochen.

»An die Höhle«, fügte er hinzu.

Es war unmöglich, unter den herabstürzenden Wassermassen hindurchzugehen. Daher hatten die

Mönche einst einen Tunnel gebaut, der am höchsten Punkt des Wasserfalls begann und unterirdisch bis zum rückwärtigen Teil der Grotte führte.

Es war nicht schwer, den Eingang zu finden. Im Sommer ist der Tunnel manchmal erleuchtet, doch jetzt standen wir vor einem stockfinsteren Gang.

»Wollen wir trotzdem hineingehen?«

»Na klar. Vertrau mir.«

Wir stiegen in das Loch neben dem Wasserfall. Wir konnten keine Hand vor Augen sehen, doch wir wußten trotzdem, wohin wir gingen – er hatte mich gebeten, ihm zu vertrauen.

›Ich danke Dir, Herr‹, dachte ich, während wir immer tiefer in den Schoß der Erde eindrangen. ›Denn ich war ein verlorenes Schaf, und Du hast mich zurückgeführt. Denn mein Leben war tot, und Du hast es wiederauferstehen lassen. Denn es war keine Liebe mehr in meinem Herzen, und Du hast mir diese Gnade wiedergegeben.‹

Ich hielt mich an seiner Schulter fest. Mein Geliebter leitete meine Schritte auf dem finsteren Weg, denn er wußte, daß wir das Licht wiederfinden und uns an ihm erfreuen würden. Vielleicht würde es in unserer Zukunft Augenblicke geben, in denen sich die Lage verkehren würde. Dann würde ich ihn mit derselben Liebe und mit derselben Gewißheit leiten, bis wir an einen sicheren Platz gelangten, an dem wir zusammen ausruhen würden.

Wir gingen langsam, und der Abstieg schien nicht enden zu wollen. Vielleicht war dies ja ein neues Übergangsritual – das Ende einer Epoche, in der es auch in meinem Leben kein Licht gegeben hatte. Während ich durch diesen Tunnel ging, erinnerte ich mich daran, wieviel Zeit ich an ein und derselben Stelle vertan hatte, indem ich versuchte, Wurzeln in einem Boden zu schlagen, auf dem nichts mehr wuchs.

Doch Gott war gütig gewesen und hatte mir den Traum vom Abenteuer, die Begeisterungsfähigkeit, die ich verloren hatte, wiedergegeben, den Mann, auf den ich unbewußt mein ganzes Leben lang gewartet hatte. Ich empfand keine Gewissensbisse, weil er jetzt das Priesterseminar verlassen würde, denn es gab, wie der Pater gesagt hatte, viele Arten, Gott zu dienen, und unsere Liebe würde sie noch vervielfachen. Von nun an hatte ich auch die Chance, zu dienen und zu helfen – alles seinetwegen.

Wir würden in die Welt hinausgehen, er würde den anderen Trost zusprechen, und ich würde ihm Trost zusprechen.

›Ich danke Dir, Herr, weil Du mir geholfen hast

zu dienen. Lehre mich, dessen würdig zu sein. Gib mir die Kraft, Teil seiner Mission zu sein, mit ihm gemeinsam durch die Welt zu gehen und ein neues spirituelles Leben zu beginnen. Mögen all unsere Tage wie diese sein – ein Ziehen von Ort zu Ort, wo wir die Kranken heilen, die Traurigen trösten, von der Liebe sprechen, die die Große Mutter für uns bereithält.‹

Plötzlich war das Geräusch des Wassers wieder da, Licht erfüllte unseren Weg, und der schwarze Tunnel war zu einem der schönsten Schauspiele der Welt geworden. Wir befanden uns in einer riesigen Höhle –, so groß wie eine Kathedrale. Drei Wände waren aus Stein, die vierte war der Pferdeschweif, dessen Wasser in den smaragdgrünen See zu unseren Füßen fiel. Die Strahlen der untergehenden Sonne drangen durch den Wasserfall, und die nassen Wände glänzten.

Wir blieben an den Stein gelehnt schweigend stehen.

Früher, als wir noch Kinder waren, war dies die Piratenhöhle gewesen, in der die Schätze unserer kindlichen Phantasien lagen. Jetzt war dieser Ort das Wunder der Mutter Erde. Ich fühlte mich wie in ihrem Leib, wußte, daß sie da war, uns mit ihren Steinwänden beschützte und uns mit ihrer Wand aus Wasser von unseren Sünden reinwusch.

»Danke«, sagte ich laut.

»Wem dankst du?«

»Ihr. Und dir, der du das Werkzeug warst, das mich zum Glauben zurückführte.«

Er trat ans Ufer des unterirdischen Sees. Er betrachtete das Wasser und lächelte.

»Komm hierher«, bat er.

Ich kam näher.

»Ich muß dir etwas sagen, was du noch nicht weißt.«

Seine Worte ließen mich angstvoll aufhorchen. Doch sein Blick war ruhig, und ich beruhigte mich wieder.

»Alle Menschen auf Erden haben eine Gabe«, begann er. »Bei einigen offenbart sie sich spontan. Andere müssen an sich arbeiten, um sie herauszufinden. Ich habe in den vier Jahren im Seminar daran gearbeitet.«

Jetzt mußte ich etwas »inszenieren« – um das Wort zu gebrauchen, das er benutzt hatte, als uns der Alte nicht in die Kirche lassen wollte.

Ich mußte so tun, als hätte ich keine Ahnung.

›Das ist kein Unrecht‹, dachte ich. ›Dies ist eine Reise der Freude und nicht der Frustration.‹

»Was macht man denn im Seminar?« fragte ich, um Zeit zu gewinnen und meine Rolle besser spielen zu können.

»Das tut jetzt nichts zur Sache«, sagte er. »Tatsache ist, daß ich eine Gabe entwickelt habe. Ich kann heilen, wenn Gott es will.«

»Das ist gut«, antwortete ich und spielte die Überraschte. »Da werden wir Arztkosten sparen!«

Er lachte nicht. Und ich fühlte mich wie eine komplette Idiotin.

»Ich habe meine Gabe mit den charismatischen Übungen entwickelt, die du gesehen hast«, fuhr er fort. »Anfangs war ich verwundert: Ich betete, bat den Heiligen Geist, er möge über mich kommen, legte meine Hände auf und gab so vielen Kranken ihre Gesundheit wieder zurück. Mein Ruhm begann sich zu verbreiten, und täglich standen Menschen am Tor des Priesterseminars Schlange, damit ich ihnen helfe. In jeder entzündeten, übelriechenden Wunde sah ich die Wundmale Christi.«

»Ich bin stolz auf dich«, sagte ich.

»Viele Leute im Kloster waren dagegen, doch mein Vorsteher stand zu mir.«

»Laß uns diese Arbeit weiterführen. Wir werden gemeinsam durch die Welt reisen. Ich werde die Wunden reinigen, du segnest sie, und Gott wird seine Wunder tun.«

Er wandte den Blick von mir ab und starrte in den See. Etwas schien in dieser Höhle gegenwärtig zu sein – wie damals in der Nacht, als wir uns am Brunnen von Saint-Savin betranken.

»Ich habe es dir schon erzählt, aber ich werde es noch einmal sagen«, fuhr er fort. »Eines Nachts wachte ich auf, und das Zimmer war ganz hell. Ich sah das Antlitz der Großen Mutter und ihren Blick, der voll Liebe war. Von jenem Tag an zeigte sie sich hin und wieder. Ich habe keinen Einfluß darauf, doch manchmal erscheint sie mir.

Damals wußte ich bereits von der Arbeit der wahren Revolutionäre der Kirche. Ich wußte, daß meine Mission auf Erden außer der des Heilens darin bestand, den Weg dafür zu bereiten, Gott und seiner weiblichen Seite wieder zu ihrem Recht zu verhelfen. Das weibliche Prinzip, die Säule der Barmherzigkeit, würde wieder aufgerichtet werden – und der Tempel der Weisheit in den Herzen der Menschen wieder aufgebaut.«

Ich blickte ihn an. Sein anfangs angespannter Gesichtsausdruck war nun wieder ruhig.

»Dies hatte seinen Preis, und ich war bereit, ihn zu zahlen.«

Er schwieg, wußte nicht, wie er fortfahren sollte.

»Was willst du mit ›ich war‹ sagen?« fragte ich.

»Der Weg der Göttin könnte nur mit Worten und Wundern geebnet werden, wenn die Welt anders wäre, als sie ist. Aber so würde es schwieriger sein: Tränen, Unverständnis, Leiden würden nicht ausbleiben.«

›Der Pater‹, dachte ich. ›Er hat versucht, Angst in sein Herz zu säen. Doch ich werde sein Trost sein.‹

»Nicht das Leid wird diesen Weg kennzeichnen, sondern die Ehre zu dienen«, entgegnete ich.

»Die meisten Menschen mißtrauen der Liebe noch.«

Ich spürte, daß er mir etwas sagen wollte und es nicht schaffte. Vielleicht konnte ich ihm helfen.

»Das habe ich auch schon gedacht«, unterbrach ich ihn. »Der erste Mensch, der den höchsten Gipfel der Pyrenäen bestiegen hat, hatte begriffen, daß das Leben ohne Abenteuer verschenkt ist.«

»Was meinst du damit?« fragte er, und ich sah, daß er wieder angespannt war. »Einer der Namen der Großen Mutter ist Unsere Heilige Mutter der Gnaden – weil sie aus großzügigen Händen ihre Segnungen an alle verschenkt, die für sie offen sind.

Wir können niemals das Leben anderer beurteilen, denn jeder weiß um den eigenen Schmerz und Verzicht. Du kannst für dich sagen, daß du auf dem rechten Weg bist; doch es ist etwas anderes, wenn du sagst, es sei der einzige Weg.

Jesus sagte: *Das Haus meines Vaters hat viele Wohnungen.* Die Gabe ist ein Geschenk. Aber es ist auch ein Geschenk, eine Gnade, sein Leben in Würde zu leben, in Liebe für den Nächsten und arbeitsam. Maria hatte auf Erden einen Ehemann, der versucht hat, den Wert anonymer Arbeit zu zeigen. Obwohl es wenig erscheint, so war er es doch, der für ein Dach über dem Kopf und Nahrung gesorgt hat, damit seine Frau und sein Sohn alles das tun konnten, was sie getan haben. Seine Arbeit ist genauso wichtig wie ihre, auch wenn man ihr diesen Wert nicht beimißt.«

Ich sagte nichts. Er ergriff meine Hand.

»Verzeih mir meine Intoleranz.«

Ich küßte seine Hand und legte sie an mein Gesicht.

»Das ist es, was ich dir erklären möchte«, sagte er wieder lächelnd. »Daß ich in dem Augenblick, in dem ich dich wiedergetroffen habe, begriffen habe, daß ich dich durch meine Mission nicht leiden lassen durfte.«

Unruhe stieg in mir auf.

»Gestern habe ich gelogen. Es war das erste und das letzte Mal, daß ich gelogen habe«, fuhr er fort. »Anstatt ins Seminar zu fahren, bin ich in die Berge gefahren und habe mit der Großen Mutter gesprochen.

Ich habe gesagt, daß ich mich, wenn sie es wollte, von dir trennen und meinen Weg fortsetzen würde. Ich würde weiter unzählige Kranke vor meiner Tür warten haben, würde mitten in der Nacht aufbrechen, das Unverständnis derer, die den Glauben leugnen wollen, und die zynischen Blicke derer ertragen, die der rettenden Liebe mißtrauen. Wenn sie mich gebeten hätte, hätte ich auf das verzichtet, was ich auf der Welt am meisten liebe, auf dich.«

Mir fiel wieder der Pater ein. Er hatte recht gehabt. An jenem Morgen war er dabei, sich zu entscheiden.

»Wenn es aber möglich wäre«, fuhr er fort, »diesen Kelch an mir vorbeigehen zu lassen, versprach ich, der Welt durch meine Liebe zu dir zu dienen.«

»Was sagst du da?« fragte ich erschrocken.

Er schien mich nicht zu hören.

»Man braucht keine Berge zu versetzen, um seinen Glauben zu beweisen«, sagte er. »Ich war bereit, allein das Leiden auf mich zu nehmen, nicht aber, es zu teilen. Würde ich diesen Weg weitergehen, hätten wir nie ein Haus mit weißen Gardinen und einem Blick auf die Berge.«

»Ich will dieses Haus überhaupt nicht. Ich wollte nicht einmal hineingehen!« sagte ich, und ich zwang mich, nicht zu schreien. »Ich will dich begleiten, dir im Kampf beistehen, zu denen gehören, die das Wagnis als erste eingehen! Du hast mir den Glauben wiedergegeben!«

Die Sonne hatte ihre Stellung verändert, und ihre Strahlen beschienen nun die Wände der Höhle. Doch all diese Schönheit begann ihre Bedeutung zu verlieren.

Gott hat die Hölle mitten im Paradies verborgen.

»Du weißt es nicht«, sagte er, und ich sah, wie seine Augen mich anflehten, ihn doch zu verstehen. »Du kennst das Risiko nicht.«

»Doch du bist glücklich dabei.«

»Ich bin wohl glücklich, aber es ist mein Risiko.«

Ich wollte ihn unterbrechen, doch er hörte mir nicht zu.

»Daher habe ich gestern die Heilige Jungfrau um ein Wunder gebeten«, fuhr er fort. »Ich habe sie gebeten, mir meine Gabe wieder zu nehmen.«

Ich traute meinen Ohren nicht.

»Ich habe etwas Geld und all die Erfahrungen, die

ich auf meinen Reisen gesammelt habe. Wir werden ein Haus kaufen, ich werde mir eine Anstellung suchen und werde Gott dienen wie einst Joseph, in demütiger Anonymität. Ich brauche keine Wunder mehr, um meinen Glauben lebendig zu halten. Ich brauche dich.«

Meine Beine wurden schwach, wie kurz vor einer Ohnmacht.

»Und in dem Augenblick, als ich die Heilige Jungfrau darum bat, mir die Gabe wieder zu nehmen, begann ich mit fremden Zungen zu reden«, fuhr er fort. »Die Zungen sagten mir: ›Lege deine Hände auf die Erde. Ihre Gabe wird aus dir heraustreten und zur Großen Mutter zurückkehren.‹«

Panik erfaßte mich.

»Du hast doch nicht…«

»Doch. Ich tat das, was der Heilige Geist mich tun hieß. Der Nebel lichtete sich, und die Sonne erstrahlte zwischen den Bergen. Ich fühlte, daß die Heilige Jungfrau mich verstanden hatte – denn auch sie hat viel geliebt.«

»Doch sie ist ihrem Mann gefolgt! Sie hat den Weg ihres Sohnes akzeptiert!«

»Wir besitzen nicht ihre Kraft, Pilar. Meine Gabe wird auf jemand anderen übergehen – sie wird niemals vergeudet. Gestern im Restaurant habe ich in

Barcelona angerufen und den Vortrag abgesagt. Wir fahren nach Saragossa. Dort kennst du viele Leute, und wir könnten dort anfangen. Ich werde schnell eine Arbeit finden.«

Ich konnte keinen klaren Gedanken mehr fassen.

»Pilar!« sagte er.

Doch ich war schon wieder in den Tunnel zurückgekehrt, ohne die Schulter eines Freundes, auf die ich mich stützen konnte – verfolgt von den unzähligen Kranken, die sterben, von ihren Familien, die leiden würden, von den Wundern, die nie getan würden, vom Lachen, das die Welt nun nicht mehr schmücken würde, von den Bergen, die nun immer an ihrem Platz bleiben würden.

Und ich sah nichts – nur die beinahe körperliche Dunkelheit, die mich umgab.

Freitag, 10. Dezember 1993

Am Ufer des Rio Piedra saß ich und weinte. Meine Erinnerungen an jene Nacht sind wirr und undeutlich. Ich weiß nur, daß ich dem Tode nahe war – doch ich erinnere mich nicht mehr an sein Gesicht und wohin er mich führte.

Ich würde mich gern daran erinnern, damit ich es auch aus meinem Herzen verbannen könnte. Doch es gelingt mir nicht. Seit ich aus dem Tunnel in die nun nachtdunkle Welt trat, erscheint mir alles wie ein Traum.

Kein Stern strahlte am Himmel. Ich erinnere mich vage daran, daß ich bis zum Wagen gegangen bin, die kleine Tasche, die ich bei mir hatte, herausgenommen habe und ziellos weitergelaufen bin. Ich muß bis zur Straße gekommen sein, versucht haben, per Anhalter nach Saragossa zurückzukehren. Doch es hat nicht geklappt. Ich bin schließlich in die Gärten des Klosters gegangen.

Das Rauschen des Wassers war allgegenwärtig. Überall gab es Wasserfälle, und mir war klar, daß mich die Große Mutter mit ihrer Anwesenheit immer verfolgen würde. Ja, sie hatte die Welt geliebt. Sie hatte die Welt so wie Gott geliebt, denn auch sie hat ihren Sohn hingegeben, damit er für die Menschen geopfert würde. Doch wußte sie auch etwas über die Liebe einer Frau zu einem Mann?

Sie mag aus Liebe gelitten haben, doch es ging um eine andere Liebe. Ihr himmlischer Bräutigam war allwissend, tat Wunder. Ihr Bräutigam auf Erden war ein einfacher Arbeiter, der an alles glaubte, was ihre Träume erzählten. Sie hat nie erfahren, was es bedeutet, einen Mann zu verlassen oder von ihm verlassen zu werden. Als Joseph sie aus seinem Hause vertreiben wollte, weil sie schwanger war, schickte der himmlische Bräutigam sogleich einen Engel, um dies zu verhindern.

Ihr Sohn hat sie verlassen. Doch Kinder verlassen ihre Eltern immer. Es ist einfach, aus Liebe zum Nächsten zu leiden, aus Liebe zur Welt oder aus Liebe zu seinem Kind. Dieses Leiden gibt einem das Gefühl, daß es Teil des Lebens ist, daß es ein edles, großartiges Leiden ist. Es ist einfach, aus Liebe für eine Sache oder eine Mission zu leiden: Das läßt das Herz dessen, der leidet, wachsen.

Doch wie soll man erklären, was es bedeutet, um

eines Mannes willen zu leiden? Es ist unmöglich. Denn man fühlt sich wie in der Hölle, weil dieses Leiden weder hehr noch groß, nur elend ist.

An jenem Abend legte ich mich auf die gefrorene Erde, und die Kälte betäubte mich bald. Ich dachte kurz daran, daß ich sterben würde, wenn ich mir nicht etwas Wärmendes zum Zudecken suchte – doch wozu? Alles, was mir im Leben wichtig war, war mir großzügig in einer Woche gegeben – und in einer Minute, ohne daß ich Zeit gehabt hätte, etwas zu sagen, wieder genommen worden.

Mein Körper begann vor Kälte zu zittern, doch ich kümmerte mich nicht darum. Irgendwann würde er schon damit aufhören, weil er all seine Energie in dem Versuch aufgebraucht haben würde, mich zu wärmen, und nun nichts mehr tun konnte. Dann würde mein Körper zu seiner gewohnten Ruhe zurückkehren und der Tod mich umfangen.

Ich zitterte über eine Stunde lang. Und dann kam der Friede.

Bevor ich die Augen schloß, hörte ich die Stimme meiner Mutter. Sie erzählte eine Geschichte, die sie mir immer als Kind erzählt hatte, doch damals ahnte ich nicht, daß sie einmal meine Geschichte sein würde.

›Ein Junge und ein Mädchen verliebten sich wahnsinnig ineinander‹, sagte die Stimme meiner Mutter zwischen Traum und Delirium. ›Und sie beschlossen, sich zu verloben. Verlobte schenken sich immer etwas. Der junge Mann war arm – sein einziger Besitz war eine Uhr, die er von seinem Großvater geerbt hatte. Er dachte an das schöne Haar seiner Liebsten und beschloß, die Uhr zu verkaufen, um ihr eine hübsche Silberspange für ihr Haar zu kaufen. Das Mädchen hatte auch kein Geld für ein Verlobungsgeschenk. Daher ging es zum Laden des größten Kaufmanns am Ort und verkaufte sein Haar. Mit dem Geld kaufte es eine goldene Kette für die Uhr seines Liebsten.

Als sie einander beim Verlobungsfest wiedersahen, gab sie ihm die Kette für die Uhr, die verkauft worden war, und er gab ihr die Spange für das Haar, das es nicht mehr gab.‹

Ich wachte auf, weil ein Mann mich schüttelte.

»Trinken Sie«, sagte er. »Trinken Sie, schnell.«

Ich wußte weder, was geschah, noch hatte ich die Kraft, mich zu wehren. Er öffnete meinen Mund und zwang mich, eine Flüssigkeit zu trinken, die mich von innen verbrannte. Ich bemerkte, daß er in Hemdsärmeln war und ich seinen Mantel trug.

Er ließ nicht locker: »Trinken Sie mehr!«

Ich wußte nicht, was los war, dennoch gehorchte ich. Dann schloß ich die Augen wieder.

Ich wachte im Kloster wieder auf, und eine Frau schaute mich an.

»Sie wären beinahe gestorben«, sagte sie »Ohne den Wärter vom Kloster wären Sie nicht mehr am Leben.«

Ich stand taumelnd auf, wußte nicht genau, was ich tat. Ich erinnerte mich bruchstückhaft an das, was am Vortage geschehen war, und ich wünschte, der Wärter wäre dort nicht vorbeigekommen.

Doch der richtige Augenblick für den Tod war vorüber. Ich würde weiterleben.

Die Frau nahm mich mit in die Küche und gab

mir Kaffee, Kekse und Brot mit Olivenöl. Sie stellte keine Fragen und gab auch keine Erklärungen. Als ich fertig gegessen hatte, reichte sie mir meine Tasche.

»Sehen Sie nach, ob alles drin ist«, sagte sie.

»Sicher. Ich hatte sowieso nichts.«

»Sie haben Ihr Leben, mein Kind. Ein langes Leben. Geben Sie besser darauf acht.«

»Es gibt in der Nähe eine Stadt mit einer Kirche«, sagte ich, und mir war zum Weinen zumute. »Gestern, bevor ich hierherkam, bin ich in diese Kirche gegangen mit…«

Ich wußte nicht, wie ich es erklären sollte.

»… mit einem Jugendfreund. Ich hatte schon genug von den vielen Kirchenbesuchen, doch die Glocken läuteten, und er sagte, es sei ein Zeichen, wir müßten hineingehen.«

Die Frau schenkte meine Tasse wieder voll, nahm sich auch ein wenig Kaffee und setzte sich, um meiner Geschichte zuzuhören.

»Wir traten in die Kirche«, fuhr ich fort. »Sie war leer, und drinnen war es dunkel. Ich versuchte, irgendein Zeichen zu entdecken, doch ich sah nur dieselben Altäre und dieselben Heiligenfiguren wie immer. Plötzlich hörten wir ein Geräusch auf der Empore, dort, wo die Orgel steht.

Es war eine Gruppe junger Männer mit Gitarren, die ihre Instrumente zu stimmen begannen. Wir setzten uns, um ein wenig Musik zu hören, bevor wir unsere Reise fortsetzten.

Kurz darauf kam ein Mann herein und setzte sich neben uns. Er war fröhlich und rief den jungen Männern zu, sie sollten einen Paso doble spielen.«

»Aber das ist doch Stierkampfmusik!« sagte die Frau. »Ich hoffe, sie haben es nicht getan.«

»Nein, das haben sie nicht. Doch sie lachten und spielten einen Flamenco. Mein Jugendfreund und ich hatten das Gefühl, der Himmel sei zu uns herabgestiegen. Die Kirche, die anheimelnde Dunkelheit, der Klang der Gitarren und die Fröhlichkeit des Mannes neben uns – dies alles war ein Wunder.

Ganz allmählich füllte sich die Kirche. Die jungen Männer spielten weiter Flamencos, und die Hereinkommenden lächelten, ließen sich von der Heiterkeit der Musiker anstecken.

Mein Freund fragte mich, ob ich an der Messe teilnehmen wollte, die gleich beginnen würde. Ich sagte nein – wir hatten eine lange Reise vor uns. Wir beschlossen hinauszugehen – doch vorher dankten wir Gott für diesen wunderbaren Augenblick.

Kaum waren wir am Portal angelangt, da merkten wir, daß viele Leute, wirklich viele Leute, vielleicht sogar alle Bewohner der kleinen Stadt, zur Kirche strömten. Ich dachte, dies sei wahrscheinlich die letzte rein katholische Ortschaft in Spanien. Vielleicht, weil die Messen so fröhlich waren.

Als wir in den Wagen stiegen, sahen wir einen Menschenzug herankommen. Die Leute trugen einen Sarg. Jemand war gestorben, und die Messe sollte eine Totenmesse sein. Als der Zug am Kirchentor angelangt war, verstummten die Flamencos, und die Musiker stimmten ein Requiem an.«

»Möge Gott dieser Seele gnädig sein«, sagte die Frau, indem sie sich bekreuzigte.

»Möge er ihr gnädig sein«, sagte ich und bekreuzigte mich auch. »Daß wir in die Kirche eingetreten waren, hatte tatsächlich eine tiefere Bedeutung. Die nämlich, daß einen am Ende der Geschichte immer Traurigkeit erwartet.«

Die Frau sah mich an, ohne ein Wort zu sagen. Dann ging sie hinaus und kam kurz darauf mit einem Block Papier und einem Stift wieder.

»Gehen wir hinaus«, sagte sie.

Wir gingen zusammen hinaus. Es begann zu tagen.

»Atmen Sie tief ein«, bat sie mich. »Lassen Sie diesen neuen Morgen in Ihre Lungen und durch Ihren ganzen Körper strömen. Mir kommt es so vor, als hätten Sie sich gestern nicht zufällig verlaufen.«

Ich sagte nichts.

»Außerdem haben Sie weder die Geschichte, die Sie mir gerade erzählt haben, noch ihre Bedeutung richtig begriffen«, fuhr sie fort. »Sie haben nur den traurigen Schluß behalten und die heiteren Augenblicke vergessen, die Sie erlebt haben. Sie haben das Gefühl vergessen, das so war, als wären die Himmel herabgestiegen, und wie schön es war, all das mit ihrem...«

Sie hielt inne und lächelte.

»...Jugendfreund erlebt zu haben«, sagte sie und zwinkerte mir zu. »Jesus hat gesagt: *Laßt die Toten die Toten begraben.* Denn Er weiß, daß es den Tod nicht gibt. Das Leben existiert bereits, bevor wir geboren werden, und es existiert weiter, wenn wir diese Welt verlassen.«

Meine Augen füllten sich mit Tränen.

»Dasselbe geschieht mit der Liebe«, fuhr sie fort. »Es gab sie vorher, und es wird sie immer weiter geben.«

»Es ist, als kennten Sie mein Leben«, sagte ich.

»Alle Liebesgeschichten haben etwas gemeinsam. Ich habe dies auch schon in meinem Leben durchgemacht. Doch daran denke ich nicht mehr.

Ich erinnere mich daran, daß die Liebe in der Gestalt eines anderen Mannes, in der Gestalt neuer Hoffnungen, neuer Träume wiederkam.«

Sie reichte mir das Papier und den Stift.

»Schreiben Sie alles auf, was Sie fühlen. Holen Sie es aus Ihrer Seele, vertrauen Sie es dem Papier an, und werfen Sie es dann fort. Die Legende besagt, daß der Rio Piedra so kalt ist, daß alles, was in ihn hineinfällt – die Blätter, die Insekten, die Federn der Vögel –, sich in Steine verwandelt. Wer weiß, vielleicht ist es ja eine gute Idee, das Leid in sein Wasser zu werfen.«

Ich nahm das Papier, sie küßte mich und sagte, ich könne, wenn ich wollte, zum Mittagessen wiederkommen.

»Vergessen Sie eines nicht«, rief sie mir nach. »Die Liebe bleibt. Nur die Männer ändern sich!«

Ich lachte, und sie winkte.

Ich sah lange auf den Fluß. Weinte, bis ich keine Tränen mehr hatte.

Dann begann ich zu schreiben.

Epilog

Ich schrieb einen ganzen Tag und noch einen und noch einen. Jeden Morgen ging ich ans Ufer des Rio Piedra. Jeden Abend kam die Frau, nahm mich beim Arm und führte mich in ihr Zimmer im alten Kloster.

Sie wusch meine Wäsche, bereitete das Abendessen, redete über Nichtssagendes mit mir und brachte mich ins Bett.

Eines Morgens, ich hatte das Manuskript fast beendet, hörte ich das Geräusch eines Wagens. Mein Herz tat einen Sprung, doch ich wollte nicht glauben, was es mir sagte. Ich fühlte mich schon von allem befreit, bereit, in die Welt zurückzukehren und wieder ein Teil von ihr zu werden.

Das Schwierigste war vorüber, aber die Sehnsucht nach ihm würde noch lange fortbestehen.

Doch mein Herz hatte recht gehabt. Obwohl ich vom Manuskript nicht aufblickte, hörte ich seine Schritte und spürte seine Gegenwart.

»Pilar«, sagte er und setzte sich neben mich.

Ich antwortete nicht. Ich schrieb weiter, doch ich konnte meine Gedanken nicht mehr zusammenhalten. Mein Herz machte Bocksprünge, versuchte sich aus meiner Brust zu befreien und zu ihm zu eilen. Doch ich ließ es nicht zu.

Er blieb dort sitzen, blickte auf den Fluß, während ich unablässig schrieb. Wir verbrachten so den ganzen Morgen – wortlos –, und ich erinnerte mich an das Schweigen in jener Nacht am Brunnen, wo ich plötzlich begriffen hatte, daß ich ihn liebte.

Als meine Hand vor Müdigkeit nicht mehr weiterschreiben konnte, machte ich eine Pause. Da sprach er.

»Es war dunkel, als ich aus der Höhle herauskam, und ich konnte dich nicht finden. Da bin ich nach Saragossa gefahren. Und dann nach Soria. Und ich wäre auf der Suche nach dir um die ganze Welt gefahren. Ich beschloß dann, zum Kloster von Piedra zurückzukehren, um zu sehen, ob ich eine Spur finden konnte. Und da traf ich eine Frau.

Sie zeigte mir, wo du warst. Und sagte, daß auch du all die Tage auf mich gewartet hast.«

Meine Augen füllten sich mit Tränen.

»Und ich werde an deiner Seite sitzen bleiben, solange du an diesem Fluß sitzt. Und wenn du schläfst, werde ich vor deinem Haus schlafen. Und wenn du weit weg reist, dann werde ich dir folgen.

Bis du zu mir sagst: ›Geh.‹ Dann gehe ich. Doch ich werde dich bis an mein Lebensende lieben.«

Ich konnte mein Weinen nicht mehr verbergen. Ich sah, daß auch er weinte.

»Ich möchte, daß du eines weißt…«, begann er.

»Sag nichts. Lies«, antwortete ich und reichte ihm die Seiten, die auf meinem Schoß lagen.

Den ganzen Nachmittag lang blickte ich auf das Wasser des Rio Piedra. Die Frau brachte uns belegte Brote und Wein, machte irgendeine Bemerkung zum Wetter und ließ uns wieder allein. Immer wieder hielt er im Lesen inne und schaute gedankenverloren zum Horizont.

Irgendwann beschloß ich, einen Spaziergang im Wald zu machen, an den kleinen Wasserfällen vorbei, entlang den Hängen voller Geschichte. Als die Sonne unterzugehen begann, kehrte ich an den Platz zurück, an dem ich ihn verlassen hatte.

»Danke«, waren seine ersten Worte, als er mir die Seiten zurückgab. »Und verzeih mir.«

An den Ufern des Rio Piedra saß ich und lächelte.

»Deine Liebe rettet mich und gibt mir meine Träume zurück«, fuhr er fort.

Ich schwieg, saß reglos da.

»Kennst du den 137. Psalm?« fragte er.

Ich schüttelte den Kopf. Ich hatte Angst davor, etwas zu sagen.

»An den Ufern zu Babylon...«

»Doch, ja, ich kenne ihn«, sagte ich und spürte, daß ich ganz allmählich ins Leben zurückkehrte. »Er handelt vom Exil. Er erzählt von den Menschen, die ihre Harfen an die Bäume hängen, weil sie die Musik nicht mehr spielen können, die ihr Herz verlangt.«

»Doch nachdem der Sänger der Psalmen vor Sehnsucht nach dem Land seiner Träume geweint hat, verspricht er sich selbst:

Vergesse ich dich, Jerusalem,
so verdorre meine Rechte.
Meine Zunge soll an meinem Gaumen kleben,
wenn ich deiner nicht gedenke, Jerusalem.«

Ich lächelte wieder.

»Ich hatte ihn fast vergessen. Und du erinnerst mich wieder daran.«

»Glaubst du, daß deine Gabe zurückkehrt?« fragte ich.

»Ich weiß es nicht. Doch Gott gibt einem im

Leben immer eine zweite Chance. Er gibt sie mir durch dich. Und er wird mir helfen, meinen Weg wiederzufinden.«

»Unseren Weg«, fiel ich ihm ins Wort.

»Ja, unseren Weg.«

Er nahm mich bei den Händen und zog mich hoch.

»Hol deine Sachen«, sagte er. »Träume machen Arbeit.«

Januar 1994

Paulo Coelho
im Diogenes Verlag

Der Alchimist

Roman. Aus dem Brasilianischen
von Cordula Swoboda Herzog

Santiago, ein andalusischer Hirte, hat einen wieder-
kehrenden Traum: Am Fuß der Pyramiden liege ein
Schatz für ihn bereit. Soll er das Vertraute für mögli-
chen Reichtum aufgeben? War er nicht zufrieden mit
seiner bescheidenen Existenz? Santiago ist mutig genug, seinen Traum nicht einfach beiseite zu wischen.
Er wagt sich hinaus und begibt sich auf eine Reise, die
ihn nicht nur von den Souks in Tanger über Palmen
und Oasen bis nach Ägypten führt, er findet in der
Stille der Wüste auch immer mehr zu sich selbst und
erkennt, was das Leben für Schätze bereithält, die
nicht einmal mit Gold aufzuwiegen sind.

»Ein Märchen mit orientalisch-südländischem Charme,
einfach und bezwingend in der Sprache, ein Seelenbal-
sam in unsicheren Zeiten. Hoffnungsvoller könnte ein
Buch nicht sein.« *Focus, München*

Am Ufer des Rio Piedra
saß ich und weinte

Roman. Deutsch
von Maralde Meyer-Minnemann

Sie waren Jugendfreunde, ehe sie sich aus den Augen
verloren. Elf Jahre später treffen sie sich in Madrid bei
einem Vortrag wieder: sie, eine angehende Richterin,
die das Leben gelehrt hat, vernünftig zu sein und sich
nicht von Gefühlen mitreißen zu lassen; er, Welten-
bummler und undogmatischer Seminarist, der vor seiner Ordination Pilar noch einmal wiedersehen will.
Beide verbindet ihr Drang, aus ihrem sicheren Leben
auszubrechen und ihre Träume zu wagen. Der Weg

dahin ist lang, voller Durststrecken und kostet Überwindung: Überwindung der Angst, sich hinzugeben,
der Schuldgefühle, der Vorurteile. In einem kleinen
Dorf in den Pyrenäen offenbart sich ihnen eine Wahrheit, die ihre Sehnsucht und Leidenschaft übersteigt.

»Paulo Coelho schreibt in seinem Buch über die femi-
nine Seite: die Fähigkeit, Zeichen zu lesen und Liebe
einzusetzen, wo Männer Waffen gebrauchen.«
Alexandra Lautenbacher/Die Welt, Berlin

Der Fünfte Berg
Roman. Deutsch von
Maralde Meyer-Minnemann

In *Der Fünfte Berg* erzählt Paulo Coelho in einfacher,
moderner Sprache die Geschichte des Propheten Elia,
die wir alle kennen, so wie wir sie nicht kennen. Er
versetzt uns 3000 Jahre zurück ins Jahr 870 v. Chr.,
als Gott Elia befahl, Israel zu verlassen und nach
Phönizien ins Exil zu gehen. Damit aus dem Exil eine
Heimat wird, muß zuerst eine Stadt untergehen, Elia
sich verlieben und – mit und gegen seinen Gott – um
seine Selbstbestimmung ringen.

»Mit *Der Fünfte Berg* tritt Paulo Coelho erneut den
Beweis an, daß er ein wunderbarer Erzähler ist.«
Margarete von Schwarzkopf/
Norddeutscher Rundfunk, Hannover

Der Wanderer
Geschichten und Gedanken
Deutsch von Maralde Meyer-Minnemann
Ausgewählt von Anna von Planta

Über das Wagnis der Liebe, über Angst und Mut, die
Macht der Gewohnheit und das Risiko des eigenen
Weges, über Moralisten und Doktrinäre, über Schön-
heit, Wunder und verlorene Söhne.

»Paulo Coelho ist ein Alchimist der Literatur.«
Kenzaburo Oe

Auf dem Jakobsweg
*Tagebuch einer Pilgerreise nach
Santiago de Compostela*
Deutsch von Maralde Meyer-Minnemann

Der 700 km lange Pfad von den Pyrenäen bis nach
Santiago de Compostela, der letzte Abschnitt des so-
genannten Jakobswegs, galt im Mittelalter neben den
Wallfahrten nach Rom und Jerusalem als wichtigster
Pilgerweg. Diesen langen Weg durch die rauhen,
leeren Landschaften Nordspaniens ging im Sommer
1986 auch Paulo Coelho. In diesem sehr persönlichen
›Tagebuch‹ erzählt er von Abenteuern, Strapazen und
spirituellen Prüfungen.

Unterwegs
Geschichten und Gedanken
Deutsch von Maralde Meyer-Minnemann
Ausgewählt von Anna von Planta

Über die Kunst zu lieben und die noch größere Kunst,
geliebt zu werden, vom Umgang mit Schwierigkeiten
und mit der Einsamkeit sowie vom munteren Drauf-
losleben.

»Paulo Coelhos Beobachtungen und Reflexionen,
Träume und Visionen machen Mut, auf die eigene innere Stimme zu hören.« *Südkurier, Konstanz*

Veronika beschließt zu sterben
Roman. Deutsch von Maralde Meyer-Minnemann

Veronika, die schwarzhaarige junge Slowenin mit den
grünen Augen, träumt von einer Pianistenkarriere.
Doch sie hat ihren Lebenstraum einem ereignislosen
Alltag im Nachkriegs-Ljubljana geopfert, ohne Herausforderung, ohne Risiko, ohne Passion. Eines Morgens beschließt sie, diesem Leben ein Ende zu machen. Doch die Überdosis Schlaftabletten befördert sie
nicht, wie erhofft, in den Tod, sondern in eine Irren-
anstalt. Als sie erwacht, teilen ihr die Ärzte mit, sie sei

herzkrank und habe nur noch wenige Tage zu leben. Angesichts des Todes lernt Veronika nicht nur zu überleben, sondern mit allen Fasern zu leben: Binnen weniger Tage durchmißt sie, umgeben von ihren Mit-Patienten, alle Höhen und Tiefen des Lebens, beginnt für ihre Zukunft zu kämpfen und verliebt sich zum ersten Mal.

»Coelho erzählt von elementaren Erfahrungen, und die Leser erkennen sich darin wieder: mit ihren Schwächen und Ängsten ebenso wie mit ihren Sehnsüchten und Träumen. Sein neues Buch, sagt Coelho, handle vor allem ›vom Recht, anders zu sein. Ich wollte zu meinen Lesern und zu mir davon sprechen, wie wichtig es ist, ein paar Kämpfe durchzustehen – nicht als Opfer, sondern als Abenteurer‹.«
Rainer Traub/Der Spiegel, Hamburg

Handbuch des Kriegers des Lichts
Deutsch von Maralde Meyer-Minnemann

Ein Krieger des Lichts glaubt.
Weil er an Wunder glaubt, geschehen auch Wunder.
Weil er sich sicher ist, daß seine Gedanken sein Leben verändern können, verändert sich sein Leben. Weil er sicher ist, daß er der Liebe begegnen wird, begegnet ihm diese Liebe auch.
Manchmal wird er enttäuscht, manchmal verletzt.
Und dann hört er Kommentare wie diesen: »Wie naiv *er doch ist!*«
Aber der Krieger weiß, daß es sich lohnt. Für jede Niederlage gibt es zwei Siege. Alle, die glauben, wissen das.

Das *Handbuch des Kriegers des Lichts* erzählt von elementaren Erfahrungen, von Grenzgängern und Suchenden. In gleichnishaften Geschichten und Maximen aus drei Jahrtausenden zeigt Paulo Coelho den mutigen Umgang mit sich selbst, mit Konflikten und schwierigen Lebenssituationen.

»Coelho wendet sich mit seinen Büchern an erwachsene Menschen in einer hektischen Welt, die ständig Gefahr laufen, das Wesentliche aus den Augen zu verlieren. Er erzählt in einer klaren Sprache. So entsteht Literatur, die nicht verstört oder beunruhigt, sondern Harmonie verbreitet.«
Cornelia Geißler/Berliner Zeitung

Der Dämon und Fräulein Prym

Roman. Deutsch von
Maralde Meyer-Minnemann

Ein Ort in den Pyrenäen, gespalten von Habgier, Feigheit und Angst. Ein Mann, der von den Dämonen seiner schmerzvollen Vergangenheit nicht loskommt. Eine junge Frau auf der Suche nach ihrem Glück. Sieben Tage, in denen das Gute und das Böse sich einen erbitterten Kampf liefern und in denen jeder für sich entscheiden muß, ob er bereit ist, für seinen Lebenstraum etwas zu riskieren und sich zu ändern.

Mit diesem Roman schließt Coelho seine Trilogie über Liebe *(Am Ufer des Rio Piedra saß ich und weinte)*, Tod *(Veronika beschließt zu sterben)* und Macht *(Der Dämon und Fräulein Prym)* ab – drei große Antriebskräfte, die das Leben dreier Frauen in nur sieben Tagen grundlegend verändern.

»*Der Dämon und Fräulein Prym* ist ein Roman über Veränderungen, die auch den Leser am Ende verändert zurücklassen.« *Corriere della Sera, Mailand*

Bekenntnisse eines Suchenden

Juan Arias im Gespräch mit
Paulo Coelho

Aus dem Spanischen von
Maralde Meyer-Minnemann

Paulo Coelhos Leben liest sich wie einer seiner Romane: Dreimalige Zwangseinweisung in die Psychiatrie · Erfolgreicher Pop-Poet libertärer Songtexte ·

Dreimalige Verhaftung und Folterung durch die brasilianische Militärjunta · Experimente mit verschiedensten Weltanschauungen von Hare Krishna bis Schwarzer Magie · Mit 34 Jahren: finanzielle Unabhängigkeit, Weltreise · Wanderung auf dem mittelalterlichen Pilgerpfad nach Santiago de Compostela - die spirituelle Erfahrung geht ein in die ersten Bücher *Auf dem Jakobsweg* (1987) und *Der Alchimist* (1988) · Der Rest ist Legende.

In seiner direkten, schmucklosen Sprache zeichnet Coelho hier ein Leben, das sich in vielen Abwegen und Abkürzungen verlief, ehe es seine eigene Reiseroute fand - jene zu sich selbst.

»Die Achterbahn seines eigenen Lebens schildert Paulo Coelho dem spanischen Journalisten Juan Arias ohne Filter in einem erstaunlich offenen Gespräch: Bekenntnisse eines Suchenden. Coelhos Welterfolg wurde möglich, weil er die traumatischen Erlebnisse und Rückschläge und die Glücksmomente seiner Biographie zu einer denkbar konzentrierten Botschaft verdichtet und gedichtet hat: ›Folge deinen Träumen.‹«
Rainer Traub/Der Spiegel, Hamburg